## ある男と少年の対話――旅のはじまり

ある男「なぜ君は、そんな悲しい顔をしているんだい？」

少　年「だって、出口が見えないんだ……それに……」

ある男「それに？」

少　年「こんな暗闇の中じゃ動けやしないよ」

ある男「じゃあ君はずっと、ここにいるつもりかい？」

少　年「そんなの……分からないよ……。ただ、今……すごく怖いんだ」

ある男「じゃあ、ゆっくり目を閉じてごらん？」

少[illegible]ん。真っ暗のままだよ」

あ[illegible]んだ。落ち着いて。ゆっくり呼吸をしてごらん」

少[illegible]ハア……。スゥ……。ハア……」

あ[illegible]たかい？」

少[illegible]

あ[illegible]他には何が聞こえた？」

少[illegible]ク……って」

あ[illegible]生きている音だね」

少[illegible]けていい？」

ある男「まだダメだよ。目を閉じて、耳をすまして」

少　年「ねぇ。一体あなたは、何者なの？」

ある男「それは言えないよ」

少　年「じゃあ……どこから来たの？」

ある男「遠いところ」

少　年「遠いところ？」

ある男「うん。ずっと、ずっと、遠くて。とても、とても明るいところ」

少　年「なんで……そんなところから来たの？」

ある男「君に会いに来たんだ」

少　年「もう……誰なの？　教えてよ……」

ある男「ごめん。どうしても言えないんだよ」

少　年「じゃあなぜ……会いに来たの？」

ある男「君に、紹介したい友だちがいるんだ」

少　年「と……友だち？」

ある男「うん。君にぴったりの友だちさ」

少　年「そんなの嘘だ……友だちなんかいらない……」

ある男「嘘じゃない。君にどうしても会ってほしいんだ」

少　年「友だちなんて……どうせ裏切るじゃないか。どうせ傷つけるじゃないか」

**ある男**「彼は絶対にそんなことはしない。約束する」

**少　年**「なんで！　なんでそんなことが約束できるの？」

**ある男**「それは、一緒に旅をしてきた大切な仲間だからさ」

**少　年**「旅……？　……仲間？」

**ある男**「うん。絶対に大丈夫」

**少　年**「そうなの？」

**ある男**「約束する。ただ、ちょっとマイペースなところがあるけどね」

**少　年**「今、近くにいるの？」

**ある男**「ああ。君のすぐ近くにいる」

**少　年**「もう目を開けていい？」

**ある男**「ダメだよ。もう少し待って。君に伝えたいことがある」

**少　年**「何？」

**ある男**「彼と一緒に、しばらく旅に出てほしいんだ」

**少　年**「え？　旅……？」

**ある男**「うん。きっと君はその旅の中で、何かを見つけるはずだよ」

**少　年**「何かって？」

**ある男**「それは言えない」

**少　年**「なんで言えないことばかりなの？」

**ある男**「君が出すべき答えを、私が出すわけにはいかない。……おっと、まずい！」

**少　年**「どうしたの？」

**ある男**「終わりの時間がきてしまった。私はもう行かなければならない」

**少　年**「ちょっと待って！　ひとりにしないで！」

**ある男**「大丈夫。落ち着いて。目を閉じたまま、その手を横に動かしてみて。……そう。それ」

**少　年**「何これ。……え、本？　本なの？」

**ある男**「いいかい。よく聞くんだ」

**少　年**「うん」

**ある男**「君は今から旅に出るんだ。いつまでもここにいちゃいけない」

**少　年**「旅に出るって!?　だ……だって、何も見えないよ？　暗いままだよ？」

**ある男**「大丈夫。怖がらないで。君のことは彼に話してある。心配ない」

**少　年**「えっっっ……分からない！　あなたは一体誰なの？」

**ある男**「行けば分かるよ。大丈夫！　さぁ、さぁ、今君が持っている本を開いて！」

**少　年**「う……うん！　開いたよ！」

**ある男**「じゃあ、ゆっくり目を開けて。ページをめくってごらん」

**少　年**「うん」

**ある男**「そのまま光の方向に真っすぐ進んで行くんだ。奥の方で彼が君を待っている。さぁ、行っておいで。旅のはじまりだ」

# 自《じ》己《こ》肯《こう》定《てい》感《かん》を上《あ》げる

# OUTPUT《アウトプット》読《どく》書《しょ》術《じゅつ》


アバタロー

[書評YouTuber]



CROSSMEDIA PUBLISHING

# プロローグ
## 読書は最大の贈り物――
## 自己肯定感が低くて、悩んでいる君へ

**「読書によって、人は自己肯定感を高め、人生を好転させることができる」**

それが本書で最も伝えたいメッセージです。

そして、それを実現するために一番重要なアクションが、読んだ本を「ＯＵＴＰＵＴ」することであり、その方法論を詳細かつ具体的に示すことが本書の役割となります。

もしかしたら、今この本を手にとっていただいたあなたはなぜ「自己肯定感×読書術」なんだろう？　と不思議に思われたかもしれません。

まずはこのテーマを選んだ理由や、そこに込められた思いについて３点お話をさせてください。

まず１点目が、**「人間の自己肯定感は、読書によってコントロール可能である」**とい

うことをお伝えしたいからです。

これは、本を読みさえすれば、誰でも確実に自己肯定感が上がるということではありません。どんな本を選び、どんな読み方をし、どんな行動をとるかによって、上向くこともあるし、下がることもあるのです。

ですから、ただ闇雲に読むのではなく、自己肯定感が高まるようなフォームで書籍と付き合っていく必要があるわけです。つまり本書は、「自己肯定感」に悩み苦しんでいる方に向けた、初の読書ガイドなのです。

そして2点目が、**「読書によって得た、私自身の最大の成功体験が、自己肯定感の回復」**であるからです。

私は、学生時代から現在に至るまで約20年間、古典から最新のビジネス書まで、幅広いジャンルの書籍に触れてきました。その経験は、間違いなく今の仕事に対する考え方や、キャリアを構築するうえで大きな助けとなっています。

ですが、読書を通じて、私が得た最大の喜びは、20代半ばまでずっとドン底状態にあった自己肯定感が正常レベルまで戻ったことです。

どんなに仕事環境、生活環境が改善されたことよりも、これに勝る成功体験はありませんでした。

・小学校時代は常に兄と比較され、勉強もスポーツも全てにおいて自信喪失
・中学、高校時代は、友人はできないうえ、酷いいじめに遭って不登校
・社会人3年目は、上司のパワハラに耐えきれず、うつ病発症

これらは、私の自己肯定感を根こそぎ奪ってきた黒歴史です。

しかし、現在は読書のお陰で、過去のトラウマや劣等感から解放され、ありのままの自分の姿で、日々を過ごすことができています。

そして3点目は、「**自己肯定感に悩み苦しんでいる人の力になりたい**」からです。

内閣府が行った『我が国と諸外国の若者の意識に関する調査（平成30年度）』によると、

〝自分自身に満足している〟と回答した若者の割合が、アメリカが87％、フランスが85・8％、韓国が73・5％であったのに対し、日本はなんと45・1％という結果が示されました。

・中途半端な自分に価値を見出せない
・自分なら絶対できるという自信をもてない
・ありのままの自分を受け入れられない

こういった精神状態がずっと続くことが、どれだけつらいかは、ドン底から脱した今でも体が覚えています。

この痛みに苦しむ人のために、自分に今できることは何だろう？

そうやって毎日悩み、考え抜いて出てきたアイデア。

それが「自己肯定感を高めるＯＵＴＰＵＴ読書術」だったのです。

正直に言えば、今すぐ自己肯定感を全回復させる「魔法」でもあればいいのに、と思うことが時折あります。ですが、きっとそんな特別な呪文はないでしょう。

しかし〝読書〟は人間の思考を変え、行動を変え、人生を一変させてしまうほど「強力な魔力」を引き寄せることができる。

このことは紛れもない事実であり、どんな人も、その力をうまく引き出すことができれば、人生を劇的に変えることができると私は確信しています。

次に、なぜ普通の読書術ではなく、ＯＵＴＰＵＴ読書術なのか。この理由についてもお伝えさせてください。

結論から言いますと「**人間はＯＵＴＰＵＴをすることで、初めて自分の人生に変化を起こせるから**」です。

詳しくは第2章でお伝えしますが、大切なのは、読書をする行為そのものだけでなく、どのような読書をするか？　なのです。

これまで読書をＩＮＰＵＴだけで済ませていた方は、本書に書かれているＯＵＴＰＵＴの方法を実践していただければ、少しずつ、そして確実に、見える景色が変わっていくことを実感できるはずです。

ただその一方で、これまであまり読書をしてこられなかった方は、書籍との付き合い方について、さまざまな不安があると思われます。

・どうやって本を選べばいいのか分からない
・万が一、ハズレ本を買ってしまったらどうしよう
・途中で飽きて、読めなくなってしまうかもしれない
・そもそも本の読み方自体、よく分からない

ご安心ください。大丈夫です。

本書は、読書に慣れていない方が、どんなことに悩み、どんなことに困るのかを徹底的にリサーチしたうえでつくっています。

本の選び方、読み方、ＯＵＴＰＵＴの仕方まで、読書に関する全プロセスを可視化し、今すぐに取り入れられるノウハウ、テクニックを、惜しみなく盛り込みました。

きっとこれから読書をする中で、さまざまな疑問が出てくると思いますが、いったん深呼吸をし、心を落ち着かせたうえで、本書の中からヒントを探してみていただければと思います。

本章の構成は以下の通りです。

**第1章「人生を劇的に変える読書の威力」**は、本を読むことが、あなたの人生にとってなぜプラスに働くのかということを腹落ちしていただくパートになります。

**第2章「超効率的ＯＵＴＰＵＴフローが、無限の可能性を引き出す」**では、ＯＵＴＰＵＴの基本原則や注意点などを解説しています。ここでＯＵＴＰＵＴ読書術をマスターするうえでの基本を固めます。

**第3章「ＯＵＴＰＵＴ読書術の具体的な方法」**では、読書の準備からＯＵＴＰＵＴするまでの一連の流れやテクニックについて紹介しています。もう既に読書習慣のある方は、この3章から読み進めていただいてもよいかもしれません。

**第４章「選書の方法論」**はネットや世間の評判に惑わされず、自分に必要な書籍を手に入れるコツを解説します。こちらは普段、最もご質問をいただくところなので、詳細に解説をしています。

**第５章「何をＩＮＰＵＴするのか？」**では書籍から情報をどうやって整理しながら吸収するのか、そのコツをお伝えします。

もし途中で読めなくなり、不安になってしまったりしたら、次の３つの言葉を思い出してください

・１ページずつでも大丈夫
・全部読まなくても大丈夫
・全て覚えなくても大丈夫

何より大切なのは「あなたのペース」です。私はあなたの横につき、時に励ましながら、時に休憩をすすめながら、最後までサポートしていきます。どうかご安心ください。

では、いよいよ本当の自分を再発見する旅のはじまりです。

本書が、自己肯定感に悩む全ての人のお力になれることを願っています。

アバタロー

自己肯定感を上げるOUTPUT読書術　目次

## 第2章

# 超効率的OUTPUTフローが、無限の可能性を引き出す

# 第3章 OUTPUT読書術の具体的な方法

## 第4章

# 絶対失敗しない選書の方法論

## 第5章 何をＩＮＰＵＴするのか？



## エピローグ

# 第 1 章

# 人生を劇的に
# 変える
# 読書の威力

# 読書は食事である

これから第1章から第5章まで、あなたと旅をご一緒させていただくアバタローです。どうぞよろしくお願いいたします。さて、あなたは読書についてどんなイメージをおもちですか？

・勉強っぽいし、なんか面倒
・ネットの方が早いし、読書は非効率
・読んでいるとすぐに飽きてしまい退屈

これらは私が過去に読書に対してもっていたイメージですが、いかがでしょうか？

ちなみに、このＯＵＴＰＵＴ読書術では、読書は「**食事に近い行為**」であると位置付けています。

食べ物には、栄養、食感、味などがあります。そして私たちはそれを、歯で砕き、舌で味わい、消化器官に送り込みます。

本も同じです。味わい深いもの、淡白なもの。文章が整理され読みやすいもの、固すぎて頭に入らないもの。すぐに役に立つもの、一生役に立たないもの。このようにさまざまなものがあります。そして私たちは、その本のもつ味、食感、栄養などを、脳で吟味しながら血肉化するのです。となりますと、読書の心得として何よりもまず、以下の3つを押さえておく必要があります。

- **栄養価の高い良質な食材（本）の選び方**
- **手に入れた食材（本）を美味しくいただく調理方法**
- **食材（本）に含まれる栄養に関する知識、そして効率よく吸収させる工夫**

裏を返せば、これらを知らないと、読書はただ面倒で非効率な作業になってしまいます。つまり、これら3つを軸に、いかに効率的に本のもつ有効成分を吸収し、なおかつ効果的に自己成長を促すかを考えて生み出されたメソッド――それがＯＵＴＰＵＴ読書

## 1-1　読書の心得

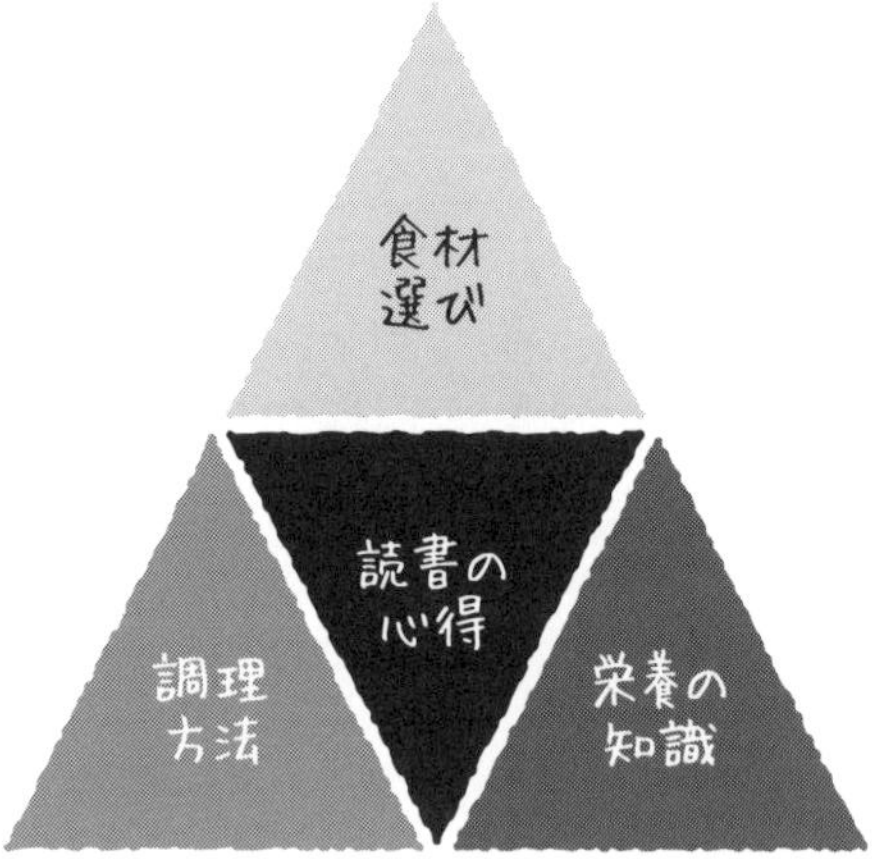


術というわけです。

人間は食事を摂らなければ生きていくことができません。その一方で、人間は本を読まなくても生きていくことはできます。では私たちが本を読むことの意味とは何でしょうか？　私は大きく3つあると考えています。

1つ目が「**自分のパフォーマンスを向上させるため**」です。

例えば良質なビジネス書を読めば、その道の専門家が長い時間をかけて培ってきた知見やノウハウを得ることができます。またネットの情報とは違い、厳しい編集チェックなどを受けているため、情報媒体として信頼性が高く、学びには最適です。自ら学んだことが目に見える成果につながれば、それは自信につながります。そしてその自信は、さらに高い成果を生み出す種になります。つまり本は、人生全体のパフォーマンスを高めるための「エネルギー」を補給してくれるものなのです。

2つ目が、**「人生のリスクを最小化させるため」**です。

人生には、健康や仕事やお金のことなど、さまざまなリスクがあります。もちろん、その全てを避けることはできませんが、その中には、知識によって回避できるものも多くあるはずです。例えば歴史書や哲学書には、数々の失敗と挫折を味わってきた先人たちの知恵が詰まっています。それらは、私たちが人生で大きな痛手を被らないための術や、心が折れそうになった時に、再び立ち上がるための力を与えてくれます。つまり本とは、あらゆる人生のリスクに立ち向かうための「免疫」をつくってくれる存在なのです。

3つ目の理由が、**「長い人生を心から楽しみ尽くすため」**です。

さまざまなジャンルの本を読み、そこから得られた知識、磨かれた感性は、一生の財産として、あなたの人生を豊かに彩ります。映画を観ても、音楽を聴いても、旅行に行っても、読書によって本物の教養を蓄積してきた人は、深い楽しみや感動を味わうことができます。それは先人たちの知恵を吸収し、豊富な語彙や概念をより多く獲得しているからです。

つまり本とは、何歳になっても人生を楽しみ尽くすための「栄養」を与えてくれるものなのです。

私たちは、人生100年時代を生きねばならない長距離ランナーです。そのためには、自分のパフォーマンスの向上、選手生命を脅かすリスクの予防、そして現役生活をどれだけ長く充実したものにできるかを常に考え、メンテナンスをし続けていく必要があります。

その土台を作り上げるものが、「読書という食事」であり、その積み重ねによって、心の体幹が備わった確固たる自分、言い換えるならば、自己肯定感に満ちた自分が形成されていくのです。

# コスパ最強の自己投資

自己形成にかかわるのは、もちろん読書だけではありません。インターネットを使うことも、旅をすることも、誰かと話をすることも、全て自分を作り上げる大切な要素と言えます。

ただその中でも、本を〝主食〟として選んでいただくことを強くお勧めしたい最大の理由は、〝圧倒的にコストパフォーマンスが優れている〟からです。本に書かれている情報は、自分以外の誰かが何年も時間とお金をかけ、苦労して得た知見の集大成です。それをそのまま自分にインストールできると考えれば、自己投資としてこれほど適したものはないでしょう。

言うまでもなく、人生にはタイムリミットがあります。そしてお金と時間という、限りある貴重な資産を、時に「浪費」したり、時に「投資」しながら私たちは生きています。浪費というのは、時間やお金を無駄に使ってしまうこと。一方、投資というのは、何かしらのリターンを得るために、時間やお金を使うことです。

そういった意味では、本を買うことも、本を読むことも、人生の投資活動のひとつと言えるでしょう。もちろん投資するからには、それ以上の経済的・精神的リターンを得る、ということが大切です。ちなみに投資の神様と呼ばれる、ウォーレン・バフェットは、仕事の80％の時間を、読書と思索に当てているそうです。つまり彼の時間の使い方こそが、読書が投資であることを示す参考になります。

投資の大原則と言えば「ローリスク・ローリターン、ハイリスク・ハイリターン」という考え方です。ところが、読書という投資活動においては、この大原則が当てはまりません。要するに、ほとんどリスクを背負うことなく、安全に、そして確実にリターンを狙いにいくこと（つまり、ローリスク・ハイリターンも可能）ができるのです。

例えば、ビジネス書に書かれていることと全く同じ内容を、プロからセミナーや講座などで、直接指導を受けたとしましょう。これも時間とお金がかかる以上、投資にあたります。費用で言えば、おそらく何万、何十万円と発生するはずです。

一方、ビジネス書の価格はどうでしょうか。だいたい１５００円前後で売られ、高いものでも2000円くらいです。しかも、自分に合わなかったらメルカリなどで売ってしまえばいいので、ハズレ本1冊当たりの経済的損失は千円程度しか発生しません。

また、時間についても同様です。あなたの貴重な時間をかけるにふさわしい情報が得られないと判断すれば、即刻読むのを中止し、損切りすればいいだけです。

つまり、読書によって生じる経済的、時間的リスクは微々たるものであり、自分で手綱を握ってコントロール可能なのです。

では、その一方で読書によって得られるリターンについてはどうでしょうか。実は、これについても、本の選び方、読み方、記憶への定着のさせ方などを工夫することで、いくらでもコントロールできます。本からのリターンは自分次第でどこまでも最大化させることができるのです。

例えば、本の中に書かれている情報から、新たな気付きを得ることで、とてつもない年収アップにつなげた人。あるいは全く別のキャリアの道を切り開き大成功を収めた人。こういった例は、枚挙に暇がありません。

また、読書という行為は、集中力を伴う知的作業です。嫌でも脳に負荷がかかるため、「思考力」「読解力」といった、ビジネスや日常生活において役立つさまざまな筋力が自

## 1-2　本を買うことを投資と考えると……

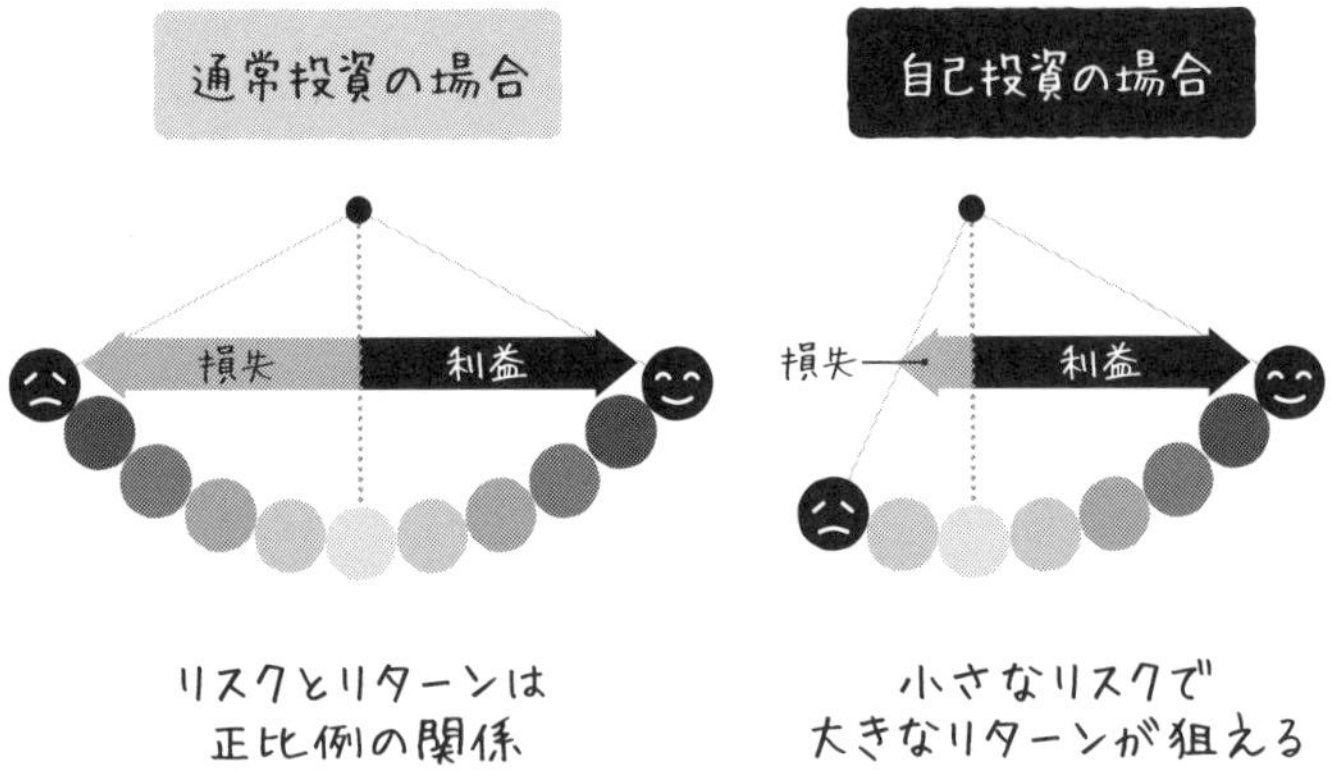


動的に鍛えられていきます。その結果、これまでの自分では到底なしえなかった大きな成果、目に見える成長を実感できるはずです。さらに、その成功体験は、確固たる自信へとつながり、次の成功体験を生みだす原動力となります。

つまり、本を〝主食〟としてお勧めしたいのは、〝投資対象として美味し過ぎるから〟なのです。

# 悩み、ストレスを解消する万能薬

本は、自己形成に欠かせない栄養満点の食材です。それと同様に、人間の心の傷を癒してくれる「薬」でもあるのです。例えば、あなたは過去にこういったご経験はないでしょうか？

・社内の人間関係がうまく構築できず、ストレスが溜まり過ぎてつらい
・スマホを見るたび、誰かと自分を比較してしまい、自信を喪失している
・誰かの役に立っているという実感がもてず、自分に価値を見出すことができない

もしこういった悩みに苦しんでいる時には、ひとりで抱え込まず、本の薬効に頼るのも、自分のメンタルを守るうえで重要な選択肢のひとつです。私たちがどんな心の状態であろうとも、必ずそれに適した本があるものです。

自分が抱えている人間関係の悩みに対して、効果的な解決策がまとめられている本。自分と全く同じ悩み、苦しみを抱えながらも、必死に生きようとしている人物の本。自分が今ほしかった言葉を、ストレートにぶつけてくれる本。

このように、自分の心の悩みやストレスを晴らしてくれる本は、探せばいくらでもあります。ですから遠慮せず、本の薬効成分をどんどん摂取すればいいのです。

ただ、もしかしたら「本に助けを求めるなんて、恥ずかしい」「そんなことで自分の傷は塞がるはずはない」と思っている方もいるかもしれません。そこで、本の癒し効果について、もう少し詳しく述べたいと思います。

ビブリオセラピーという言葉をご存じでしょうか。これは、読書療法と呼ばれるもので、「人々が抱える問題の解決を本で援助する技法」のことを指します。ビブリオセラピーという言葉自体は、20世紀前半に誕生したものですが、２０１３年にイギリスの公的医療機関であるＮＨＳがはじめたことで大きな注目を集めました。実際に医師が、うつ病などのメンタルヘルス問題を抱える患者を対象に、薬ではなく、その人に適した「本」を処方するものです。そして患者は薬局ではなく図書館に向かい、そこで医師が処方した「本」を借りて読み、自ら傷ついた心の手当てを行います。

ちなみに、紀元前3年の終わり頃に建設され、古代世界における学問の中心的役割を担っていたエジプトのアレクサンドリア図書館の入口には**「魂を治療する場所」**という文字が刻まれていたと言われています。つまり、人類が本に心の救済を求める行為というのは、今も昔も変わらない、普遍的なものなのです。

また、読書が人間の健康にどういった影響を及ぼすかという点についても、これまで多くの科学的検証が行われてきました。

例えば、米イエール大学では「読書と長生きの関連性」について興味深い研究を２０１６年に発表しています。結論から言いますと、１週間に最大3時間半の読書をする人は、本を読まない人と比べ、調査開始から12年後の死亡率が17％も低く、3時間半以上の読書をする人は、23％も死亡率が低いという結果でした。さらに、寿命に関しても、読書をする人たちは、読書をしない人と比べて、平均で2年ほど長生きであったことが示されました。つまり、本を読むことは、人生そのものを豊かにするだけでなく、人生の長さすら変えてしまうほどの効果が期待できるのです。

## 1-3　読書と寿命の関係性

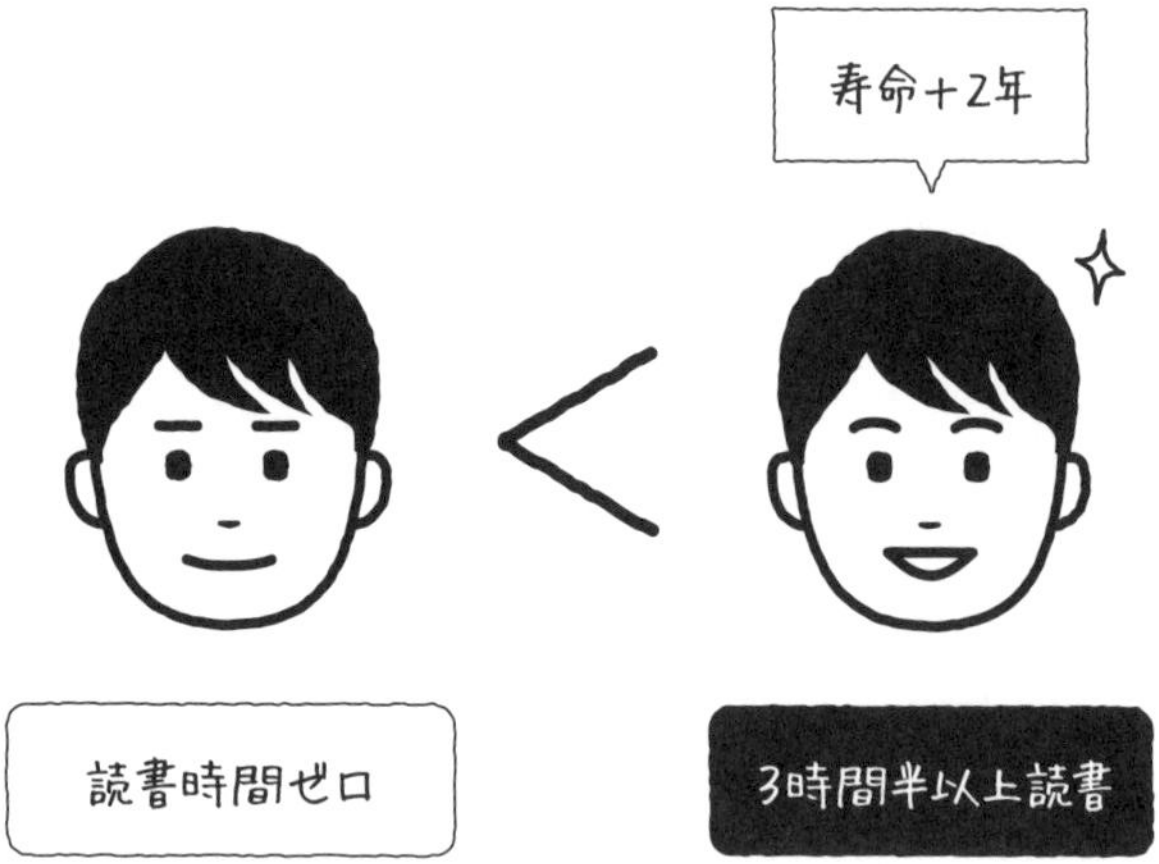


テレビやインターネットは、ただ受動的に情報が目に飛び込んでくるのに対し、本は自ら能動的に情報を読みとる行為です。つまり、頭を使い、「思考」しなければ読書という行為は成立しないわけです。

そして「思考」することの目的は、自分なりの答えを探すことであり、答えのないことに対して「悩む」こととは本質的に異なるものです。ですから、読書の時間が増えるほど、思考する時間が増え、結果として悩む暇すらなくなってくるのです。

# 夢の方向を指し示す人生のコンパス

将来の夢や目標が見つからずに苦しんでいる人が、若者を中心に多いと言います。そんな時こそ読書によって、活路を見出してほしいと思っています。

市場調査メディアのホノテが毎年実施している「新成人に関する調査」によりますと、「将来の夢がある」と答えた若者の割合は、２０１２年の64・８％をピークに年々下がり始め、２０１８年にはなんと、過去最低の54％という結果でした。

やりたいことが見つからない状態が長く続くと、つい自分を責めてしまったり、友人と比較し焦ってしまったりするものです。そこで、旅に出たり、セミナーに行ったり、専用の分析ツールを駆使したり、あの手この手で、方向性を見定めようとするのですが、それでも解決しないことが実際にはよくあります。

では、なぜそんな時こそ「読書」なのでしょうか？

それは、**本を読むことによって自分の価値観が明確になり、将来の方向性が見えてく**

**るからです。**自分にとって幸せな人生とは何か？　自分が人生で成し遂げたいこととは何か？　自分にとって仕事とは何か？　こういった、〝自分の内側〟にある価値観というのは、なかなか見つかりにくいものです。しかし、本を読むと不思議なことに見えてくるのです。さて、一体なぜでしょうか？

それは、人間という生き物が、**物事を相対的に認識するという特徴をもっている**からです。少し言葉が固くてイメージしづらいでしょうか。

すごく簡単に言うと、人間は物事を比べたがる存在ということです。なぜ比べたがるかと言えば、そうしないと物事を正しく認識できないからです。

例えば、身長で考えてみましょう。身長１７８㎝の男性Ａさん（日本人）の身長は高いですか？　低いですか？　と聞かれた場合、あなたなら何と答えますか？　おそらく答えにくいのではないでしょうか。

20歳以上の日本人男性の平均身長である１７０㎝と比べるならば、Ａさんは身長が高い人でしょう。ですが、平均身長が１８０㎝を超すオランダ人と比べると、Ａさんは身長が高い人ではありません。いかがでしょう。これはあくまで一例ですが、こう

**1-4　読書で基準をつくる**

「太っている」という認識は、比べる対象（基準）がないとできない

やって人間は何かと比べることで、物事を正しく認識しようとするわけです。

つまり、あなたが自分の価値観を知りたいのであれば、自分以外の人間の価値観にたくさん触れるのが手っ取り早い方法です。自分以外の人生観、幸福観、死生観——そういう他人の内側に本を通じてどんどんアクセスするのです。

そうしますと「いや……私はそうは思わないな！」「この人の意見、すごく共感できる！」というように心が反応するはずです。その時に「あ、やっぱり私って〇〇を一番に大切にしたい

## 1-5　読中の主人公は自分の鏡

人間なんだな」というように、自分の価値観に気付いていくわけです。

つまり他人の価値観というのは、自分の価値観を映し出す鏡のようなものなのです。

もちろん、テレビやインターネット、誰かとのおしゃべりでも、自分以外の誰かの価値観を知ることはできます。しかし、より正確に、より詳細に知る手段として「読書」に勝るものはありません。

さらに、歴史上の偉人、ビジネスの世界で成功を収めた人物、あるいは世界的アーティストの価値観に触れれば、たくさんの学びと刺激が得られるでしょう。自分の価値観さえ明確になれば、人生のコンパスは自ずと夢の方向に定まっていくはずです。

## 読書に関する3つの誤解

さて、今からお話しすることは、ＯＵＴＰＵＴ読書術を実践するにあたり、序盤で挫折しないための心得についてです。せっかくよい本と出会っても、読書という行為を誤解していたばかりに、本嫌いになってしまうケースは決して珍しくありません。

そこで、読書習慣をこれから身に付けていきたい方に向けて、読書に関してよくある3つの誤解を解いておきたいと思います。

まず1つ目が、「**全て読む必要はない**」ということです。

もっと言えば、全て理解する必要もありませんし、全て覚える必要もありません。たしかに、自分でお金を出して買った以上、残さず全て平らげなければ、もったいないという気持ちになりがちです。ですが、まだ読書習慣が身に付いていない段階で、あまり無理をしてしまうと「もう本はいいや」となってしまいます。

大切なのは、自分が食べたいものを、食べたい分だけ食べるというように、自分にとっての適量を守ることです。

とくにビジネス書のように、実用的な本であればあるほど、できるかぎり楽をして必要な情報を抜き取るくらいの、クールなスタンスで付き合うといいでしょう。

読書習慣が身に付けば、徐々に読書に対する〝欲〟も増していき、読める量も、読みたいと思えるジャンルも自然に増えていきます。ですから焦る必要はありません。

そして2つ目が、**「多く読めばいいわけではない」**ということです。

これは、「多読＝ダメ」というお話ではありません。先ほど、本を買うことも、本を読むことも「投資」であるとお伝えしたことを思い出してみてください。多読というのは、時間がかかります。そしてお金がかかります。つまり本を大量に読む行為とは、かぎられた貴重な資産を集中投下させる行為なのです。

ですから、よほど時間とお金に余裕がある方、あるいは読書という行為自体が楽しくて仕方がない方は別ですが、「なぜ自分は多読をしているのか？」という自分なりのロジックが必要なのです。そういった意識が飛んでしまうと、多読をする行為自体が目的化してしまい、せっかくの投資が失敗に終わってしまいます。

ですから、「どれだけの量を読むか」ということ以上に「自分は今、何を読むべきなのか」といった問いを立て、さらにその問いに答えるための〝選書スキル〟が重要なのです。

最後に3つ目が、**「速く読めばいいわけではない」**ということです。

ＯＵＴＰＵＴ読書術が目指すもの。それは「読書によって、自己肯定感を高め、人生を好転させること」です。

つまり、大切なのは、本に含有されたエッセンスをどれだけ自分に吸収させられるかであって、どれだけ早く食べられるかではありません。

もちろん、大量の本を素早く読んで、全て血肉化できる器用な人もいるでしょう。ですが本書の役目は、それができずに困っている人に「誰でも再現可能なシンプルな方法論」をお届けすることです。

そして何より、「自分にもできる！」といった小さな成功体験を積み重ねていただき、自己肯定感を高め、人生を好転させるきっかけを提供したいのです。


全て読むこと、多く読むこと、速く読むこと。これら3つは、どれも読書をするにあたって大切なものですが、あくまで自己肯定感を高め、人生を好転させるための手段に過ぎません。

手段とは、「あなたの目的を果たすために使われる方法」。一方で、目的とは「あなたが目指す的」を意味します。つまり、「目的が先で方法は後」なのです。

ですから、本来の目的さえ果たすことができれば、全て読まなくても、多く読まなくても、速く読まなくてもいいのです。

これから、本書を読み進めていただきますと、いろいろな読書に関する方法を目にすると思います。ですが、ノウハウやテクニックだけに目を奪われそうになったら、警戒してください。

自分が果たそうとしている目的とは何か？　この本が果たそうとしている目的とは何

か？　こうやって、お互いの〝的〟を明確に理解し、最後まで本質を見失わない態度が、読書を成功体験へと導くのです。

## 多忙な人ほど読書する理由

仕事やプライベートなどの多忙が原因で、読書習慣が途絶えてしまう。こういった事例は決して珍しくありません。しかし、**偉業を成す人の多くは、「多忙な読書家」なのです。**

例えば、マイクロソフト創業者のビル・ゲイツ氏。彼は、どんなに忙しくても、必ず就寝前の1時間は読書にあて、年間50冊は読破すると言われています。

歴史上の人物では、天才軍略家として知られるナポレオンも、約260年続いた江戸幕府の礎を築いた徳川家康も、必ず読書の時間をつくり、先人たちの知恵を日々蓄え続けていたことで知られています。

本書の冒頭に、読書は〝食事に近い行為〟であるとお伝えしましたが、まさに彼らにとっても、読書は食事と言えます。食事を摂るように日々読書を重ね、それによって自己形成を促し、偉業を成すほどの自分を構築しているのです。

では、多忙を極めているはずの成功者が、ここまで読書にこだわるのはなぜでしょうか？　それは、彼らが誰よりも時間に対する〝飢え〟を感じているからです。偉業を成すには、莫大な時間が必要です。ただ、どれだけ無駄を省き、食事や睡眠の時間を削ったとしても、人間ひとりに与えられた時間にはかぎりがあります。

そうなれば、自分以外の人間の生と、そこで得られた知見を、本を通じて自分に移植することは現実的な選択肢のひとつです。

仮に、著者が10年かけて築き上げてきた知見をまとめた、１０００円の本があるとします。それを１カ月で読み切ったら、著者の10年間を、たったの１カ月と１０００円で買ったことになるわけです。

この作業が毎日、毎日繰り返されることを想像してみてください。自分の身にとんでもない変化が起こるのは、想像に難くありません。ではどうすれば多忙の中でも、読書

## 1-6　偉人が読書家である理由

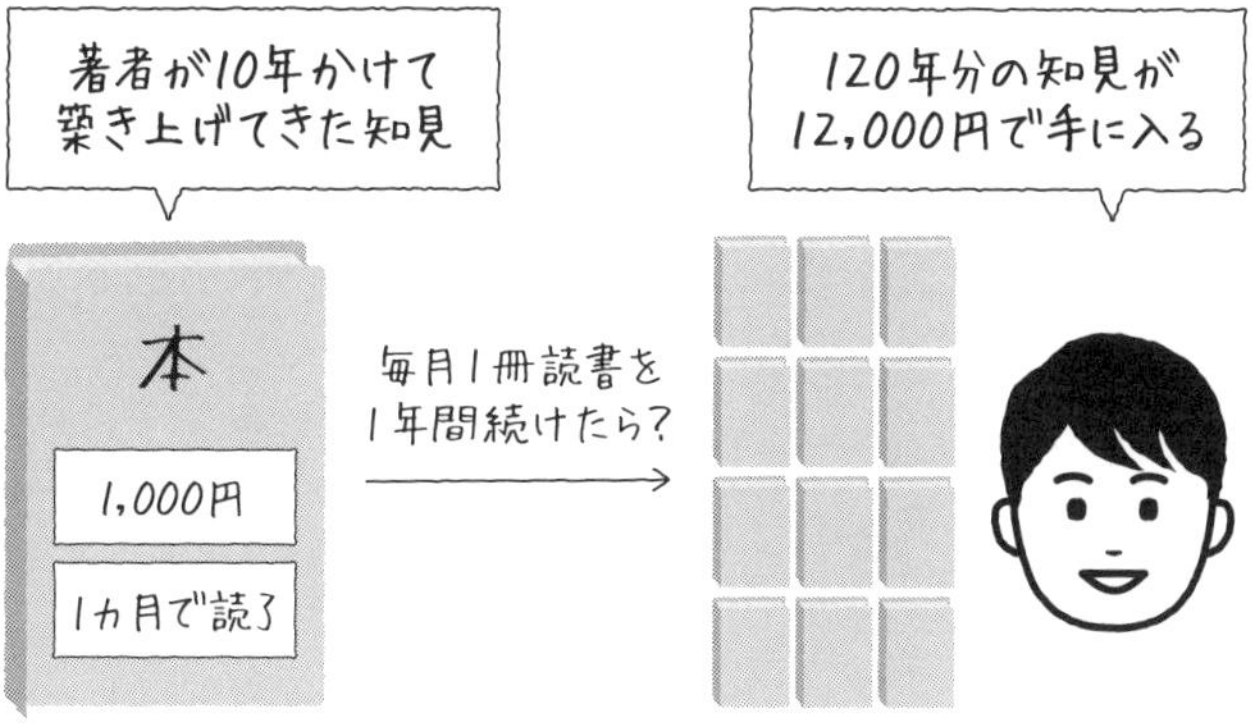


多忙な偉人が読書を好むのは、
「時間」が「安く」得られるからである

を続けることができるのでしょうか？

何より重要なことは、「**読書の目的を明確にすること**」です。成功者が皆読んでいるから読書をするという、漠然とした理由ではなく、あなたが読書に何を期待し、何を求めているのかを明らかにするのです。〝的〟が定まらないかぎり、あなたの時間は他の優先順位が高い仕事や、スマホを見る時間に奪われ、気付けば本を読む時間がゼロになってしまうでしょう。それを防ぐためにも、必ず読書をする意味を言語化しておくことが大切なのです。

読書の目的が明確になったら、「**読**

**書スケジュールを固定**」しましょう。ビル・ゲイツも実践しているように、読書を習慣化できている人は、１日のどのタイミングで読書をするのかを、あらかじめ決めているものです。通勤時間、昼食後、就寝前、週末の午前中など、自分にとってベストな時間を固定し、読みたい本と定期的なアポイントをつくっておきましょう。

個人的にお勧めしたいのが、就寝前の読書です。寝る前にスマホを見たり、ＰＣ作業をしていると、画面から放たれるブルーライトによって、自律神経系が乱れ、睡眠の質が低下することが知られています。

そうなりますと、翌日の生産性やパフォーマンスが低下してしまう恐れがあります。それを防ぐ意味でも、就寝前は読書の時間として最適と言えます。

さらに習慣化に向けて万全を期したいという方は「**本を置く場所を固定**」してみましょう。例えば、読書時間を通勤時に固定したのであれば、通勤バッグに必ず入れておき、就寝前に固定したのであれば、枕元に必ず本を置いておくのです。

この際のポイントは、ストレスなくとれる場所、すぐ目につく場所に本をセッティングし、いつも〝ここにある〟という状態をつくっておくことです。

ご存じのように、人間は誘惑に弱く、また意志の力も無限にある生き物ではありません。ですから、「今日は読むのを辞めようかな」と余計な思考が働く前に、反射的に本を手にとらざるを得ない仕組みをつくっておくわけです。

## 本の内容が脳に蓄積されないワケ

せっかく時間とお金をかけて本を読んでも、ほとんどの内容を忘れてしまう。誰しも一度くらいそういったご経験はあるのではないでしょうか。

中には、それによって本が嫌いになってしまったり、読書習慣を諦めてしまったり、自信を失ってしまった方もいるかもしれません。

ただ、こういった厄介に思える問題も、原因から紐解き、一つひとつ丁寧に対処していけば、確実に解消できますから、ご安心ください。ちなみに、その原因のほとんどが、読書のＩＮＰＵＴとＯＵＴＰＵＴにあります。

ＩＮＰＵＴに原因がある場合は、そもそも本の内容が正しく脳内にインストールされていない可能性が考えられます。もし思い当たる節があれば、以下の3つのパターンから優先的に疑ってみてください。

1つ目が、**「自分の興味、関心が薄い本を選んでしまった結果、全然記憶に残らなかった」というパターン**です。

たしかに、さまざまなジャンルに触手を伸ばし、知見を広げることは素晴らしいことです。しかし、興味がないものを「有名だから知っておかなきゃ」「あの人も読んでいるから」といった外発的な理由で読んだとしても、ほとんど忘れてしまうものです。

最優先は誰かの興味ではなく、あなたの興味や関心です。自分の興味の幅は、関心のあるテーマを掘り下げていけば、自然と広がっていきますから、心配いりません。焦らず自分の好きなテーマを選ぶとよいでしょう。

2つ目が、**「本の難易度が高すぎて、脳が情報を受け付けなかった」というパターン**です。

どれだけ素晴らしいことが書いてある名著でも、自分が到底理解できないものは、頑張って暗記しようと試みても、1週間後にはキレイさっぱり忘れてしまうものです。

OUTPUT読書術が目指す読書は、あくまで〝食事に近い行為〟であり、無理なくコツコツ続けることを重要視しています。

記憶に全く残らないほど、難易度が高い内容であれば、先へ進まず迷わず損切りです。後でいくらでもチャレンジする機会はありますから、振り返らず、自分の力で咀嚼できる範囲の本を選びましょう。

3つ目が、**「集中力を切らした状態で読んだ結果、記憶に残らなかった」というパターン**です。

読書は集中できていないと、たとえどんな興味、関心がある本を読んでいたとしても、記憶に定着されにくいものです。

ですから、もし集中力に問題があるとすれば、そのための個別対策を打つ必要があります。具体的な方法は、第3章でじっくり触れたいと思います。

ただ、興味があるテーマで、なおかつ難易度も自分に合っていて、集中して読んだはずなのに、それでも1カ月後には一切記憶に残っていない場合があります。このケースについては、ＩＮＰＵＴではなくＯＵＴＰＵＴの方に原因があることが考えられます。

人間の記憶は、「短期記憶」と「長期記憶」という大きく2つに分類できます。ちなみにこれを「二重貯蔵モデル」と呼びます。

具体的には、私たちの目、鼻、口といった感覚センサーが捉えた情報のうち、重要なものが短期記憶として一時保存されます。その中でさらに重要な情報だけが選りすぐられ、長期記憶に保存されるという流れになります。

短期記憶は文字通り、短期の記憶であり、脳が重要でないと判断した情報は、数十秒から数分程度で自動消去されてしまいます。ただ、重要度の低い事柄であれば、それでもよいかもしれませんが、本で学んだ大切な情報まで勝手に削除されては困ります。

たとえるなら、脳は在庫管理にうるさいマネジャーのようなものです。「どうでもいいモノを置いておくほど在庫スペースに余裕はありません。使わないモノは重要度が低いと判断し、こちらの都合で捨てさせてもらいます」という大変厳しいスタンスでＩＮＰＵＴした情報を処理していきます。

ですから、自分の脳に対し「いやいや、これは後で絶対に使うモノだから消さないで」という指令を出す必要があるわけです。このひと手間こそがＯＵＴＰＵＴの本質であり、それによって情報は脳に長期記憶として蓄積されていくのです。

## OUTPUTはトレーニングである

読書が食事であるならば、ＯＵＴＰＵＴはトレーニングに当たります。つまり、本から得た情報が、どれだけ血肉化されるかはＯＵＴＰＵＴの仕方によって決定付けられるのです。

せっかく自己投資として読書を行うわけですから、リターンを得るためにも、適当なトレーニングではなく、より効果的で効率的な方法を学び、実行することが重要です。

もしかしたら「ＯＵＴＰＵＴするなんて面倒だよ」と思われる人もいるかもしれませ

## 1-7　OUTPUTの重要性

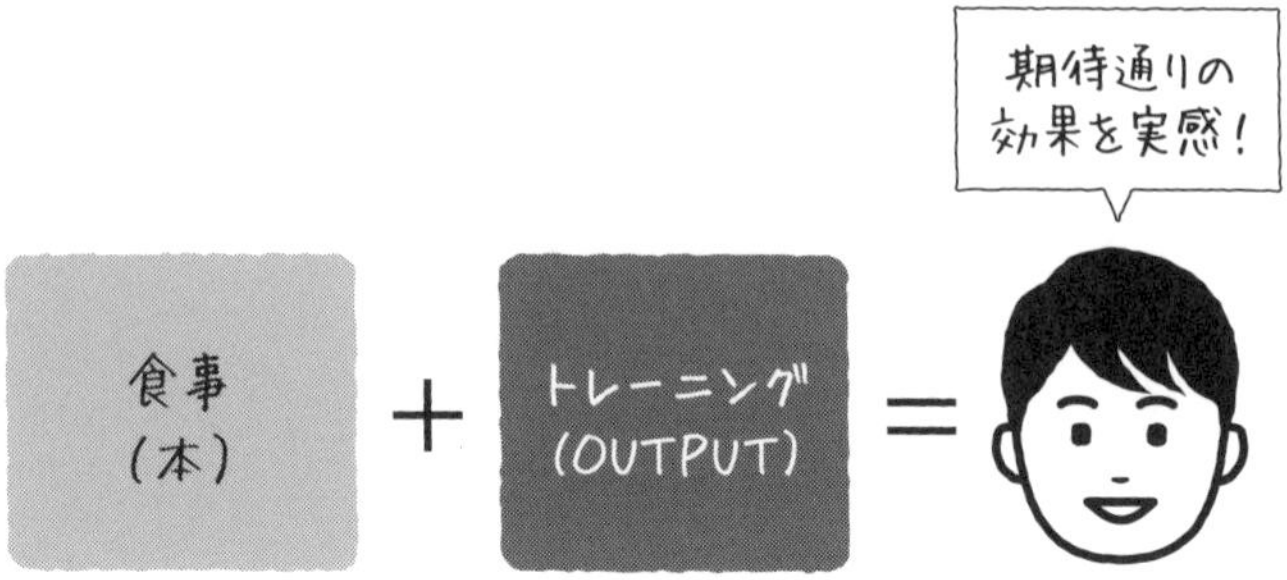


ん。しかしＯＵＴＰＵＴをしないと読書の効果がほとんど得られないため、結局、時間とお金が無駄になり、余計に面倒なのです。

どれだけ高いプロテインを飲んでも、一切トレーニングしなければ、効果が期待できないのと同じように、読書もＯＵＴＰＵＴが行われてこそ、期待される効果が得られるのです。

では、そもそもＯＵＴＰＵＴとは何でしょうか？　それは、自分が仕入れた情報を、誰かに話したり、何かに書いたり、自分のフィルターを通して表現することを指します。

ですから、ＯＵＴＰＵＴという行為自体は、特別に難しいものではありません。

まず、ＯＵＴＰＵＴというトレーニングを行ううえで一番大切なことをお伝えします。

それは、「**目的意識**」です。

なぜ、その本を読むのか。何に期待してＯＵＴＰＵＴするのか。こういった目的意識を頭から離さないことが重要です。無目的に本を読むことやＯＵＴＰＵＴしてしまうと、その行為自体が目的化してしまい、自己投資にはつながりません。

そうならないためにも、自分の目的を紙に書き、いつでも目に見える場所に貼っておくとよいでしょう。

ただＯＵＴＰＵＴというのは、闇雲にたくさんすればいいわけではありません。その理由は２つあります。

１つ目が、投資効率が悪いからです。この情報過多社会において無目的にただ好きなだけＩＮＰＵＴとＯＵＴＰＵＴのサイクルを回していると、時間はあっという間に過ぎてしまいます。

ＯＵＴＰＵＴとは時間への投資であり、無制限にできるものではありません。ですから、ＯＵＴＰＵＴする前に、そもそも**「今この情報をＯＵＴＰＵＴする必要性はあるのか？」**と思考を働かせ、ふるいにかける必要があるのです。

そして、もうひとつの理由が、「自分が何者か分からなくなる」からです。ここは、本書のテーマでもある〝自己肯定感〟に大きくかかわる重要な点です。

先ほど、ＯＵＴＰＵＴとは、情報を長期記憶として脳に保存させるためのひと手間として必要である、とお伝えしました。つまり、ＯＵＴＰＵＴされた情報とは、あなたの「印」が押された重要事項に他ならないのです。

にもかかわらず、何でもかんでもＯＵＴＰＵＴするとどうなるでしょうか？　余計な情報まで「印」が押され、脳内フォルダに長期保存されてしまいます。その結果、自分にとって重要なことと、そうでないことの区別がつかなくなり、本当の自分を見失ってしまうのです。

ですから周囲の雑音に惑わされず、どんな時でも自分の内側にある目的に目を向け、自分にとって重要なことだけをＯＵＴＰＵＴするようにしましょう。

# 「根性」論を捨て、読む自由を

トレーニングと聞きますと、もしかしたら「きついんじゃないかな」「自分にできるのかな」と不安に感じられた方もいるのではないでしょうか。大丈夫です、ご安心ください。

やれば確実に成果が出るという意味で「**OUTPUTはトレーニングである**」とお伝えしたのであって、歯を食いしばってでもやり通すような「根性」の必要性を説いているわけではございません。

もちろん人生には、根性が必要な局面は多くあります。ですが、そもそも読書と根性は全くもって無縁なのです。

読書は食事に近い行為であり、生活習慣として一生続けていくものです。もし、そこに精神論を持ち込んでしまえば、人によっては、読書アレルギーが発症し、本を目にすることすらイヤになってしまうでしょう。

何事においてもそうですが、一度嫌いになったものを好きになるには、ものすごいエネルギーが必要です。そうなれば、目指していたゴールへの到着が大幅に遅れるか、最悪の場合、到着できないかもしれません。読書に必要なのは、精神論ではなく方法論です。その方法論とは、自分の目的にあった、持続可能なシステムであるべきです。自分に必要な筋肉をつけることに集中し、不必要な筋肉はつけないことを心がけていれば、忙しい中でも苦しくならずに読書を続けられるはずです。

ただ、そうは言っても精神論を過去に強く刷り込まれてしまった方の中には、頭では分かっていても、体が反応してしまう、なんてことがあります。

例えば、なかなか文章の内容が理解できない。学んだ内容を覚えていられない。読書習慣を続けられない。

こういったことは、読書には付き物です。この際に気を付けていただきたいのは、「幻聴」には一切耳を貸さないということです。

こんなにも理解力がないのは、自分の頭が悪いからだ。

本の内容を覚えていられないのは、自分の記憶力が皆より劣っているからだ。

読書習慣が続かないのは、自分がだらしないからだ。

こういった自分を傷つける言葉は、過去のトラウマが作り出した幻であり、真実ではありません。ですから、決して真に受けないようにしましょう。

私もこうやってＯＵＴＰＵＴ読書術の本を書かせていただいておりますが、全く理解できない本なんていくらでもあります。また上手にＯＵＴＰＵＴできずに悩むこともありますし、今日は読む気が起きない日もあります。ですが、読書とはそういうものだと割り切っています。

万が一、本を読んでいる最中、自信を失いそうになったのであれば、またこのページに戻ってきてください。何十回でも、何百回でも、幻であると声を大にしてお伝えして差し上げます。

読書は食事のようなものですから、食欲がなければ食べなくていい。ＯＵＴＰＵＴはトレーニングなのだから、体調がすぐれなければ休んだっていい。

苦しい時は無理をせず、このように自分に言い聞かせて、肩の力を抜きましょう。読書とは精神を削る行為ではなく、精神を満たす行為なのですから。

# 読書離れの今がチャンスである

国民の「読書離れ」が深刻化している。そんなニュースを一度くらいは目にしたことがあると思いますが、実際のところはどうなのでしょうか？

全国学校図書館協議会が２０１８年11月に発表した調査によると、小学生４～６年生の１カ月の平均読書冊数は11・３冊（17年5月時点）であり、１９８７年の７・４冊から約１・５倍に増加。また「過去１カ月で本を１冊以上読んだ」と答えた小学生は全体の約95％という結果でした。

さらに、中学生の月間平均読書冊数も同様の傾向を示しており、１９８７年の２・３冊に対して２０１７年は４・５冊に増加しました。つまり、数字を細かく見れば「読書離れ」というのは、全世代一律ではないことが分かります。

では、本当に「読書離れ」が深刻化しているのは、どの世代なのでしょうか？

２０１９年に全国大学生活協同組合連合会が実施した、第55回学生生活実態調査によると、１日の読書時間「０」分と答えた学生の割合は全体の48％。同年、文化庁が全国16歳以上の男女を対象に行った、国語に関する世論調査によると、１カ月に１冊も本を「読まない」と回答した人が全体の47・３％。また、１カ月に、「５、６冊」と「７冊以上」と答えた人の割合が、それぞれ３・２％という結果が示されました。

つまり、「読書離れ」が深刻なのは、16歳以上の学生や大人たちなのです。

これらの背景として、スマホや各種メディアサービスの影響が指摘され、時折、日本の未来を嘆く論調を目にします。

ですが、約半数の人が本を読まないことだけに注目するのではなく、読んでいる人の割合にも注目すべきでしょう。

例えば、月に「５、６冊」読む人と「７冊以上」読む人を足したとしても、わずか６・４％にしかならないのです。

つまり、今まで時間をかけてお話ししてきた、読書の効能を存分に享受している人が、これだけしかいないのだとすれば、これはすごいことです。**読書離れを嘆くどころか、むしろ自分の人生を好転させる大チャンス**として捉え、積極的な自己投資を今こそ試みるべきではないでしょうか。

仮にこれまで本を読む習慣がなかった人が、この6・4％という小集団の中に入ることを想像してみてください。きっと自分の価値観、能力、心のあり方といったあらゆるものが変化し、人生にプラスとして作用するに違いありません。

自分を変えること。人生を変えること。そのためには、まず〝環境〟を変えることが大切であると言います。しかし、いきなり会社や学校を辞めたり、引っ越したり、起業をしたりといった大胆な行動をとることは簡単ではありません。であれば、まずは〝本に囲まれた環境〟を自分でつくってしまえばいいのです。本棚を買って、自分の興味、関心のあるテーマの本を並べてみる。これだけでも十分な環境変化といえるでしょう。

この第1章で最もお伝えしたかったことは「**読書習慣を身に付けることの重要性**」です。読書にはさまざまなノウハウやテクニックがあります。しかし、華やかな技巧は、たしかな読書習慣という土壌があってこそ生きるものです。

なぜ本を読むのか？　本は何を私たちに与えてくれるのか？　こういった疑問に目を向けることなく本を開いても、途中で読書をすることが嫌になってしまいます。

それを避けるために、1章分という長いページ数を割いて、読書をする意味について細かく説明させていただきました。

ただ本来、読書とは自由な活動であり、本書で述べられているような価値観や方法論を一方的に押し付けたいわけではありません。読書習慣さえ身に付いてくれれば、自分なりの読書に対する考え方や、方法論が自然と備わってくるはずです。

本書はその時までの〝つなぎ〟としての役割を果たせれば、それで十分なのです。

Column 1

## Another Side Of
# Taro Okamoto

技術の進歩が幸せな未来をひらく。これは19世紀から続く万博のメッセージです。それに対し、日本を代表する芸術家である岡本太郎は、1970年に開催された大阪万博で、正反対のメッセージを突きつけました。それが、皆さんよくご存じの「太陽の塔」です。

あの異形の作品は、縄文土器をモチーフとした、反近代の象徴なのです。それを超近代の祭典のど真ん中に掲げ、今もそれが展示されているという明らかな矛盾。この対極主義こそ、彼が目指した芸術だったのです。何事においても、人に好かれよう、褒められようとしてやることは虚しい。「人間として生きることこそが芸術なのだ」と説いた彼の思想は、まさに太陽のように力強く、私たちに生きる勇気を与えてくれます。

[岡本太郎のお勧め本]

**Taroの芸術に対する信念が書かれた名著**

**『今日の芸術――**
**時代を創造するものは誰か』**

# 第 2 章

# 超効率的 OUTPUT フローが、無限の可能性を引き出す

# OUTPUTすると何がいいのか？

ＯＵＴＰＵＴすることで得られるもの。それは〝変化〟です。自分の能力も、物事に対する捉え方も、世界の見え方も、全てが変化する。ありきたりな言葉で言えば、人生そのものが変わるのです。それは、投資した時間やお金とは比べ物にならない価値として、あなたに大きな喜び、そして無限の可能性をもたらすでしょう。ただ、注意しなければならないのは、なんとなくという感覚だけでＯＵＴＰＵＴをしないことです。

重たいものさえもっていれば、筋肉がつき、誰もが理想的な体になれるかといえば、そうではないはずです。食事のバランスや、正しいトレーニングフォームなどを学び、実践することによって、初めて投資に見合った肉体が得られるわけです。

そこで、今から効果的なＯＵＴＰＵＴを行ううえでの、基本の型をお伝えします。この型は、読書にかぎらず、新聞やニュースなど、あらゆる情報のＯＵＴＰＵＴにおいても応用可能です。全部で４つのステップで構成されており、この流れを踏むことで、偶然ではなく必然的な変化を発生させることができます。ぜひ参考にしてみてください。

まずステップ1が、**「INPUTした情報の整理」**です。OUTPUTとは、自分が仕入れた情報を誰かに話したり、誰かに向けて書くことを意味します。そのためには、自分自身が仕入れた情報を棚卸し、整理をする手順が必要になってきます。

仕入れた情報を整理もせず、ただ右から左に流す癖がついてしまうと、話が分かりにくい人になってしまうので注意しましょう。どうやって、本の内容を整理すればいいのかといったことは後でお話ししますので、まずは、OUTPUTする前には〝整理〟が大事だという点だけ押さえておきましょう。

ステップ2が、**「INPUTした情報の理解」**です。整理を終えたら、今度はそれらをじっと眺めて、思考し、理解するステージに入ります。ステップ1の整理をしっかり行うことで、より情報の理解も容易になります。仕入れた情報は、整理、そして理解というプロセスを経ることで強く記憶され、自分の血が通った知識へと昇華されるのです。

ステップ3が、**「INPUTした情報の編集」**です。この段階で、情報をOUTPUTに適した形にまとめていきます。どれだけ自分の頭の中で、完璧に整理され、理解されていても、相手に合わせた形に焼き直す作業を怠ると、心に届かないＯＵＴＰＵＴになってしまいます。どうせ投げるなら、情報を届けたい相手のストライクゾーンめがけて全力投球したいものです。

ステップ４が、**「ＩＮＰＵＴした情報の出力」**です。情報を整理し、理解し、編集を終えたら、いよいよ誰かに向けてＯＵＴＰＵＴしていきます。ここまでのプロセスを聞いて、面倒だと思われた方もいるかもしれません。ですが、実際にこの流れを丁寧に踏んでいくと、「誰かに伝えたい」「実際に行動し、試してみたい」といったＯＵＴＰＵＴの衝動が湧いてくるはずです。そして、その熱い気持ちを保った状態で、ＯＵＴＰＵＴしてみましょう。きっと、〝なんとなく〟のＯＵＴＰＵＴとは、全く異なるキレを体感いただけるはずです。

言うまでもなく、人生を変えるのは、行動です。しかし、それはただの行動ではなく、自分の内側から湧き上がってくるような感情や欲求などが交じり合った〝内発的行動〟に他なりません。そして、今お伝えしたＯＵＴＰＵＴの基本の型は、人生を好転させる**「内発的行動」**を誘発させる装置なのです。もちろん練習すれば、誰でもできるよう

## 2-1　OUTPUTのステップ

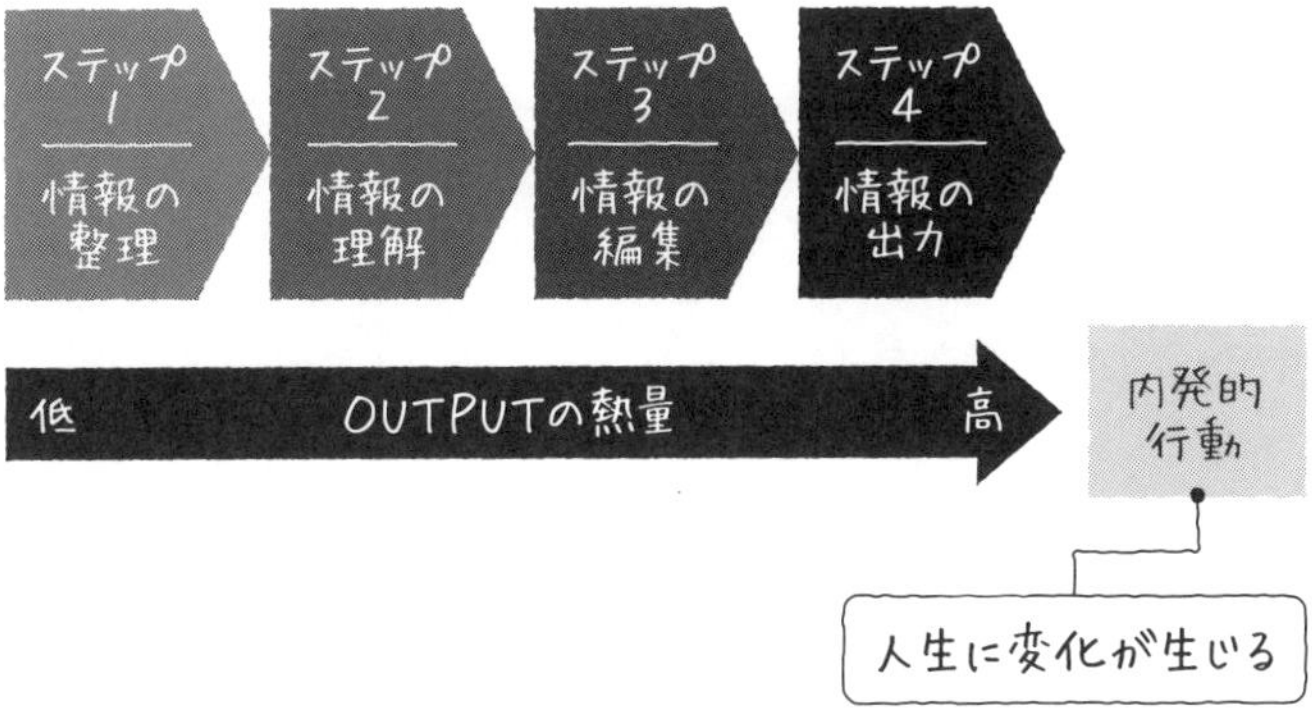


になりますから、何も心配はいりません。一つひとつ丁寧にやっていきましょう。

ただ、全てのＯＵＴＰＵＴを、無理にこのテンプレートに当てはめる必要はありません。型にばかりに囚われてしまうと、逆に身動きがとれなくなりますので、ここでは定番の使い所をお伝えします。

それは、「自分に対して興味、関心をもっていない相手にＯＵＴＰＵＴする時」です。

こういった完全アウェー状態においても、相手に刺さるメッセージを発するには、その情報が自分の中で完全に腹落ちされ、さらに「どうしても伝えたい」という衝動が湧き上がっていることがポイントなのです。

例えば、モノを売り込むお仕事をされている方や、ＳＮＳなどで不特定多数の人に情報発信されている方は、常にアウェーの状態でＯＵＴＰＵＴしていると思います。

もし、自分の頭にあるイメージ通りに書いたり、話したり、表現することができなければ、おそらく4つのステップのうち、どこかが欠けている可能性がありますから、ご自身を振り返るツールとしてもぜひ活用してみてください。

## OUTPUT読書術の大原則

**「自分のペースを崩さないこと」――これがOUTPUT読書術の大原則です。**

第１章でもお話ししましたが、私たちは人生１００年時代を生きる長距離ランナーです。そして、その超長期戦に堪えうる強い体幹をつくるのが、読書という食事と、ＯＵＴＰＵＴというトレーニングであると繰り返し述べてきました。

ただ、無理にペースを上げてしまうと、読書をすることも、本の内容をＯＵＴＰＵＴすることも、徐々に苦しくなってしまいます。ですから、どんな時でも、マイペースを貫きましょう。

そのために大切なことは、**「他者と優劣を比較しないこと」**です。とくに誰もがスマホをもつ現代社会は、見たくもない知りたくもない他者情報に触れる機会が多いため、嫌でも「どっちが美しい」とか「どっちがお金をもっている」などと、他者と自分を比較してしまいます。全ての他者比較が悪いとは思いませんが、誰かを比べていては、自己肯定感が下がってしまいます。

例えば、Ａさんは月50冊読んでいるとか、Ｂさんは1冊あたり10分で読んでいるといった情報を一度くらい耳にしたことがあると思います。人によっては、「こんなにたくさん読めない」「こんな速く読めない」と自分と比較し、自信を失ってしまった人もいるかもしれません。

ですが、ご安心ください。**ＯＵＴＰＵＴ読書術の世界において、他者比較という概**

**念は存在しません。**そもそも読書量や読解スピードというのは、それぞれであり、誰かに影響されてペースを変更するものではないのです。

例えば、フルマラソンを2時間台で完走するアスリートと、5時間台で完走する一般市民ランナーとでは、こなせる練習量も、走行スピードも全く異なります。にもかかわらず、アスリートと同じように練習すれば、同じようになれるというのは早計でしょう。読書における比較対象は他者ではなく、常に自分です。それを忘れなければ、無闇に自信を失うこともありませんし、ペースを乱される心配もありません。

また、ＯＵＴＰＵＴについても同様です。上手にＯＵＴＰＵＴができる人、キレイに話をまとめられる人など、ネット上にはそういった一芸に秀でた人がたくさんいます。この時も、参考にする程度ならよいのですが、劣等感に苦しむほど他者比較に囚われ過ぎては、ＯＵＴＰＵＴ自体がつらくなってしまいます。

ＯＵＴＰＵＴ読書術を実践するうえで大切なのは、〝過去の自分〟との比較であり、どれだけ前進しているのか、どれだけ成長したのかといった、自分自身の歩みにこそ目を向けるべきなのです。

また、自分のペースを守るためには、「**他者からの承認を求めないこと**」も重要です。読書やOUTPUTを、他者と優劣を競う競技のようにみなし、人よりたくさん読み、人より上手にOUTPUTし、それによって他者から認められようという欲求に囚われてしまったらどうなるでしょうか？　きっと、本を読む目的も、本を読む楽しさも忘れていき、しだいに読書をすること自体がつらくなってしまうでしょう。

あなたが自分のために本に投資をするわけですから、自分のペースで、OUTPUTすればいいのです。誰かの評価や承認は一切気にする必要はありません。自分が伝えたいと思っている情報が正しく相手に伝わり、なおかつ、その情報が自分の血肉にさえなれば、その投資は十分成功したと言えます。

仮に、誰かから承認されることを、読書やOUTPUTのモチベーションの源泉として設定したら、間違いなく挫折するでしょう。なぜなら、人から承認されなくなった途端、読書をすることも、OUTPUTすることも、つまらない行為になってしまうからです。

何事も長く続けるうえで大切なことは「**とにかく楽しむこと**」です。本を読むことも楽しい。OUTPUTすることも楽しい。綺麗ごとのように聞こえるかもしれませんが、こういった状態が最も理想的です。その楽しさに気付き、夢中になりさえすれば、ランナーズハイのような状態になり、本と自分だけの世界に没入できます。そのためには、自分自身が楽しめるだけの〝心の余白〟が必要なのです。

思うように読書が進まなくてつらい。ＯＵＴＰＵＴすることが苦しくなってしまった。そういった症状が出てきたら、まずはいったん立ち止まって深呼吸です。そして、今お伝えしたことを思い出していただき、ゆっくり自分のペースを取り戻してください。

## 身に付く3つの力――
## 分かりやすく説明する力、コミュ力、構造化する力

ＯＵＴＰＵＴ読書術は、本の中身をただ自分のモノにするだけのメソッドではありません。ＯＵＴＰＵＴという〝負荷〟をかけることで、人生１００年という長旅に耐え

られるだけの〝筋力〟も同時に鍛えることができるのです。具体的には、3つの力をとくに強化できます。

まず1つ目が、「**分かりやすく説明する力**」です。

初めにお伝えしておくと、〝人に分かりやすく説明できる人＝頭のいい人〟ではありません。また、その能力は、個人の生まれもった〝センス〟や〝才能〟によって決まるものでもありません。単純に「**技術**」**の問題**です。つまり、**トレーニングによって、誰もが後天的に習得、改善可能なのです。**ですから、分かりやすく説明することが苦手だからといって、全く落ち込む必要などありません。

では一体、その技術とは具体的にどういったものなのでしょうか？　それは「情報を加工する技術」です。つまり、入手した情報を整理し、理解し、さらに相手に届きやすい言葉に編集する。こういった技術がベースにあるから、分かりやすいOUTPUTが可能なのです。

そして、この技術は先ほどお伝えした**OUTPUTフローのステップ1からステップ3の流れ（整理→理解→編集）を何度も実行すること**で磨かれていくのです。

## 2-2　分かりやすく説明する力❶

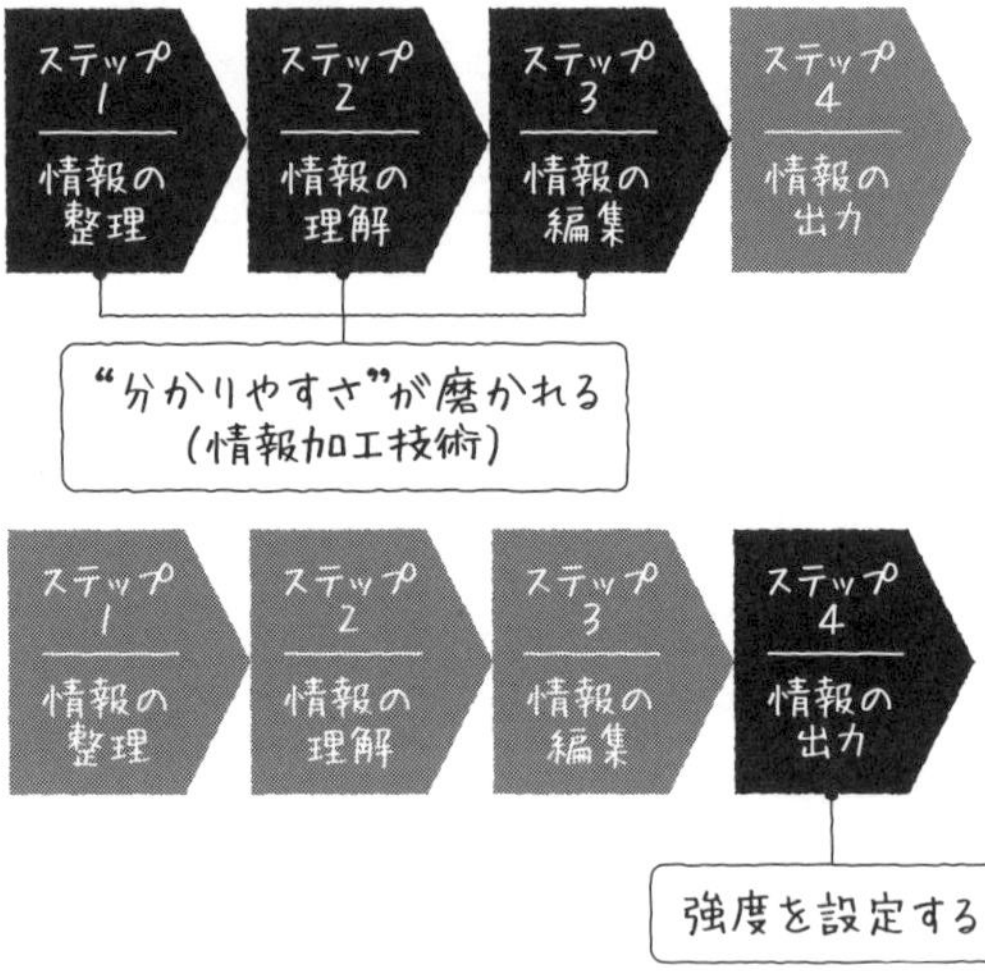


そしてステップ4の「出力」の時は、〝誰にＯＵＴＰＵＴするか〟をきちんと設定しましょう。ここは非常に重要です。なぜなら、ＯＵＴＰＵＴする対象によって、分かりやすく説明する力の鍛えられ方が、全く変わってくるからです。

まず、ＯＵＴＰＵＴに自信のない方や、人に向けて発信することに慣れていない方は、「自分」に向けたＯＵＴＰＵＴからしてみましょう。誰かに向けて話したり、書いたりするのに抵抗感があるのに、無理して行う必要はありません。自分用に読書ノートをまとめたりするだけでも十分です。完璧は目指さず、自分が振り返った時に理解できるレベルのＯＵＴＰＵＴから始めてみてください。

それにある程度慣れてきたら、自分以外の「他者に向けたＯＵＴＰＵＴ」に切り替え、ＯＵＴＰＵＴの強度を上げていきましょう。また、人に説明することが苦でない方は、初めから積極的に他者に向けたＯＵＴＰＵＴを心がけてみてください。

相手がいるだけで、ＯＵＴＰＵＴの難易度はグンと上がり、自分により強い負荷をかけることができます。その時のコツですが、自分と同じくらいの知識レベルの相手をイメージして、ＯＵＴＰＵＴするといいでしょう。

それだけの負荷では物足りないという方は、自分よりも知識や人生経験も少ない相手、例えば小学生や中学生などのお子さんに伝えるつもりでＯＵＴＰＵＴしてみてください。実際にＯＵＴＰＵＴする相手が大人であったとしても、小学生でも分かるようなレベルまで咀嚼しようとすると、かなり強度が増してくるはずです。

そしてＯＵＴＰＵＴすることで強化される２つ目の力が、「**コミュ力**」です。ＯＵＴＰＵＴすることで、本から仕入れた情報が脳に定着し、会話の中で自然に使える知識

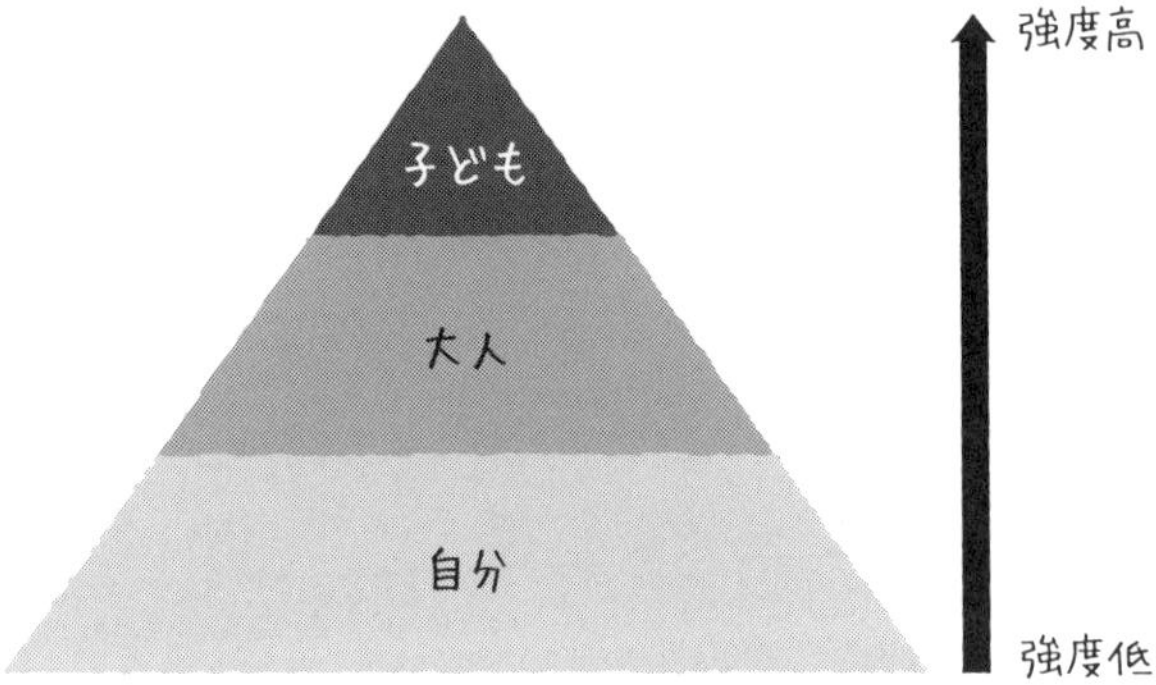


へと生まれ変わります。これによって、会話の守備範囲も広がります。さらに、相手に合わせたＯＵＴＰＵＴができるようになり、これまで以上にスムーズなコミュニケーションがとれるようになるはずです。

　ちなみに、マネジメントの父、ピーター・Ｆ・ドラッカーは、コミュニケーションについて次のような言葉を残しています。

「コミュニケーションを成立させるのは受け手である。聞く者がいなければ、コミュニケーションは成立しない」

　要するに、コミュニケーションとは相手があってこそ成立するのであって、

## 2-4　構造化する力

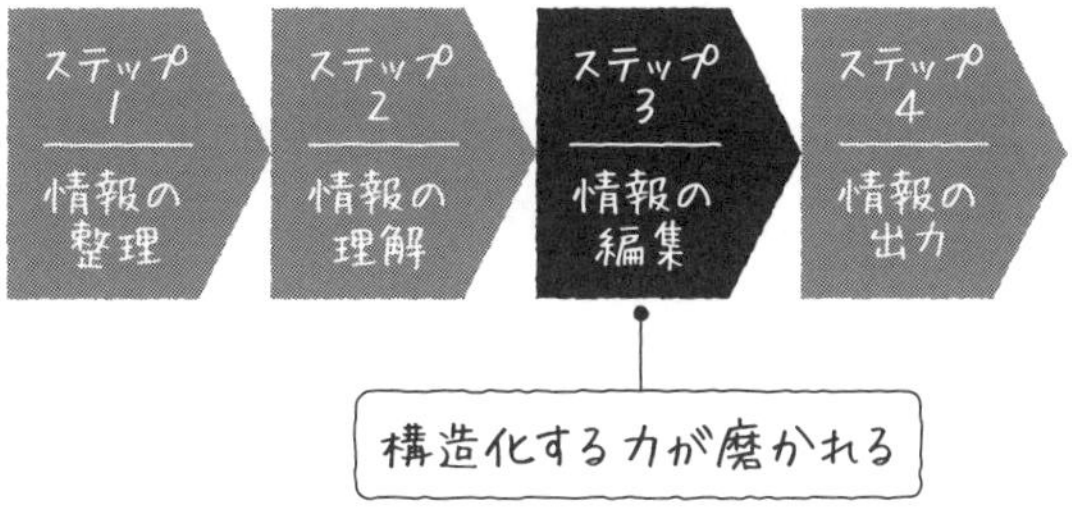


その力を鍛えるには、やはり〝他者〟の存在が欠かせないのです。ですから、効率的にコミュ力を鍛えたい場合には、先ほどお伝えしたように「他者に向けたＯＵＴＰＵＴ」を心がけるとよいでしょう。

最後に３つ目が「**構造化する力**」です。構造化とは、複雑な対象を小さな単位に分解して、スッキリと理解しやすい、単純な形に変換することを意味します。これができると、一見解決しがたい問題が解決できたり、難しい内容を自分が理解したりするのに役立ち、とくにビジネスシーンにおいて重宝します。

情報を自分の言葉で編集する作業は、まさに構造化する力を鍛える王道的トレーニングと言えるでしょう。

## 本に「自分の足跡」を積極的に残す

グリム童話で有名な、ヘンゼルとグレーテル。両親に森の中で捨てられてしまうことに気付いていた2人の兄妹は、事前に集めておいた小石を落としながら森の中に入っていきました。なぜそんなことをしたかといえば、森の中が未知の世界であり、迷って出られなくなることが予測できていたからです。もしその可能性がゼロにかぎりなく近いのであれば、2人はそんな面倒なことはしなかったのでしょう。

本の世界は、まさに未知の森のようなものです。もし、文章の道筋を正しく、迷わず追っていきたいのであれば、ヘンゼルとグレーテルのように、目印を付けながら読み進めていくことをお勧めします。例えば、筆者が強調したい一文を見つけたら、すかさず線を引いておく。これだけで、話の本筋を見失うリスクが低減します。

また、ＯＵＴＰＵＴの基本の型を思い出していただきたいのですが、ステップ１は「ＩＮＰＵＴした情報の整理」でした。読了した時、自分の記憶だけを頼りにしていれば、きっと情報の整理はテンポよく進まないでしょう。ですから、後でＯＵＴＰＵＴがしやすい下地作りとして、本の中に「自分の足跡」を残しておくことが非常に重要なのです。

さらに、自分にとって心からよいと思える本は、時間を空けて何度でも読んでみたくなるものです。その際、自分が付けた印（足跡）が残っていると、スムーズに再読ができ、時間を節約することができます。

もちろん、本への書き込みについては、個人の好みなので、これがベストといった答えはありません。一切マーキングをせず、本をキレイに読むことに徹している読書家の方もいますから、ぜひご自身で試行錯誤しながら方法論を探してみてほしいと思います。

マイルールが確立されると、著者の主張や文脈を見失うことも減っていき、本という未知の世界の散策が楽しくなってきます。もし、まだご自身の中で何もルールが定まっていないようでしたら、第3章でマーキングの方法論についても少し触れますので、ぜひ参考にしてみてください。

## 読書ログが「自信」を育む

自己肯定感を作り上げる要素のひとつに、「**自己効力感**（self-efficacy）」というものがあります。この概念は、カナダの心理学者、アルバート・バンデューラが提唱したもので、一言で言えば「自分ならできる」という自信に満ちた感覚を意味しています。

この自己効力感は、ビジネスや人間関係などにも大きく影響を及ぼすと言われており、人生をよりよく生きるうえで大変重要なものです。

バンデューラは、自己効力感を高める方法のひとつとして「**直接的達成体験**」の必要性を説いています。要するに、自分が何かを達成することによって、自信を高めることができるわけです。もちろん、成功体験の大小にこだわる必要はありません。小さな成功体験をコツコツ積み重ねていくことで、人は着実に自信を育むことができるのです。

なぜこんな話をしているかといえば、**読書とは小さな成功体験の繰り返し**だからです。1冊の本を最後まで読み切るのは、山の登頂を1回成功させるようなものです。読む前の自分、読んだ直後の自分では、きっと世界の見え方も変わっていることでしょう。

どんな本であろうと、自分が選び、最後まで読んだのであれば、胸を張って思いっきり達成感を味わえばいいのです。仮に今まで全く本を読んでいなかった人が、月1冊ペースで読書習慣を続けたら、年間12冊読んだことになります。「それだけしか……」なんて思う必要はありません。大人になってから新しいことにチャレンジし、それを習慣化することの難しさは誰もが知っています。ですから、遠慮せず、達成感を味わえばいいのです。

ただ、せっかく時間とお金をかけて、読書をするわけですから、〝達成感〟がより高まるようなひと工夫がしたいものです。

## 2-5　「読書ログ」のススメ

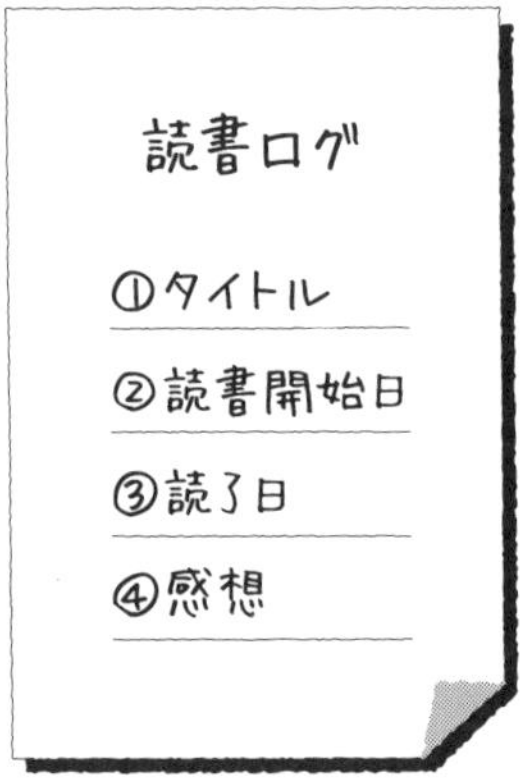


例えば、読書ログを残しておくのはどうでしょうか？　自分がせっかく山に登ったのに、自分の登頂記録が一切残っていないのは寂しいものです。どうせなら「こんなにたくさん読んだのか……なんだ、やればできるじゃないか」と振り返り、自分を褒めてあげられるような足跡を残しておきましょう。具体的には、タイトル、読書開始日、読了日、その本を読んだ率直な感想などを、簡単に記録しておけばいいでしょう。

もちろん、読書ログの形式は自由であり、記録媒体はノートでも、スマホでも、読書ログ専用ＳＮＳ（読書メーター、ブクログなど）でも構いません。
記録のポイントは、「**見晴らしをよくしておくこと**」です。つまり、本の裏表紙に記録したり、いろいろな媒体にバラバラに保存するのではなく、自分の読書史を一望できるように情報をまとめておくのです。こういったひと工夫をしておくだけで、より達成感が得られやすくなり、自信も醸成されやすくなります。

また、読書ログを残しておくことによって、過去の自分との比較も容易になります。どれくらいのスピードで読めるようになったのか、どれくらい本の内容を理解し、感想をまとめられるようになったのか。こういった、成長過程のログを通して〝見える化〟されるのです。自分の成長度合いが分からないと、つい自分を誰かと比べて、自分の現在地を確認したくなってしまうものです。しかし、ログさえとっておけば、自分と他者を比べて一喜一憂することもありませんし、自分のペースを乱されず、読書習慣も維持しやすくなります。

「やればできる」という感覚は、大きな成功体験や、他者からの承認でしか得られないものではありません。自分を信じ、地道に一歩一歩積み重ねていく。そういった〝自分の歴史〟こそが、揺るぎない自己効力感の基盤となるのです。

# 「継続」のコツは、自分が傷つきにくいルーティン

〝やればできる〟という感覚を作り上げるために、もうひとつ大切にしてほしいことがあります。それは〝やっぱりできない〟という感覚が発生しにくい仕組みです。

例えば、体形にコンプレックスをもった人が、気合と根性だけでダイエットに挑戦したらどうなるでしょうか。途中で挫折し、「ああ、やっぱり自分には無理だったんだ」「なんて自分は意志が弱いんだ」と自分を責めてしまい、二度とダイエットをしないことを心に誓ってしまうかもしれません。

ただ、人間の意志というのは、私たちが想像している以上に脆弱であり、不安定なものです。ですから、自分の精神力に依存したシステムだと途中でバテてしまい、〝やっぱりできない〟が発生してしまうのです。

そうであれば、開き直って〝自分が傷つきにくいルーティン〟をつくってしまえばい

いのです。ポイントは3つありますので、OUTPUT読書術を継続していくにあたって参考にしてみてください。

**①完璧を求めないこと**

「本の情報をモレなく完璧に整理する」「1日で全てのOUTPUT行程を終わらせようとする」こういった100点満点主義に囚われてしまいますと、途中でバテる可能性があります。

情報整理にモレがあってもいい。字が汚くてもいい。理解不足があってもいい。

そうやって自分を許しましょう。人間は完璧ではないのですから、今できる範囲でやればいいのです。むしろ初めは、うまくいかないくらいが丁度いいと思ってください。

なぜなら、自分で成長過程を振り返った時にギャップがある方が、感動が大きいからです。小さいことは気にせず、大胆にいきましょう。

**②目標を小さく設定する**

目標は大きければ大きいほどいい。これは半分正解で、半分誤りです。アフリカの格言に、「象を食べるには一口ずつ」という言葉があるように、大きな目標を達成するには、小さな目標に分けて、一つひとつクリアしていくことが大切です。もしかしたら、本を丸々1冊読み切って、情報を整理して、理解して……というプロセスを見て、「自分にはできないかも……」と、後ずさりしたくなった方もいるかもしれません。でも大丈夫です。

ご存じのように、本の構成は章立てになっており、既に分割されているのです。ですから、丸ごと1冊ＯＵＴＰＵＴしようとするのではなく、章ごとに自分のペースでやっていけばいいわけです。「自分にはできないかも……」と不安な気持ちになったら、「いや、ちょっと待って。これって一口サイズに割れないかな？」と思考を切り替えてみてください。

### ③継続を意図的に途絶えさせる

「継続しなければならない」という呪縛から解放されたければ、いっそのこと自分から先手を打って継続を途絶えさせてしまいましょう。これは何も滅茶苦茶なことを言っているわけではありません。何事も継続させるためには心身のコンディションを常に一定にさせておくことが重要です。そのためには、体から〝やりたくないアラーム〟が発せられる前に手を打っておく必要があるのです。

もし、読書をする気が起きない、OUTPUTする気が起きない、といった状態に陥った時には、無理に継続してはいけません。それは、心身からのアラートが出ている証拠ですから、2～3日間を空けて、本を忘れた生活をしてみるのもいいでしょう。あるいは、読まない曜日をあらかじめ決めて、週休2日制にしてしまうのも手です。〝途切れてしまった〟と〝自分の意志で途切れさせている〟。こういった僅かな意識の差が、習慣化成功のカギを握るのです。

# 4つの基本骨格――
## 準備・読解・要約・発信

ＯＵＴＰＵＴ読書術とは、読書を効率的にＯＵＴＰＵＴし、〝新しい自分〟を作り出すシステムのことです。つまり一定の手順に沿って、流れるようにやれば、誰でもできるようになります。具体的な話は、第3章で述べますが、まずは今からお伝えするＯＵＴＰＵＴ読書術の基本骨格を押さえてください。ざっくりと「こんな全体像なんだな」と雰囲気を掴んでいただければ大丈夫なので、リラックスして読んでください。

まず、初めにやっていただくことは、読むための「**準備**」です。本を買ったら、すぐに開いて読みたくなってしまいますが、ここはグッと我慢しましょう。

ＯＵＴＰＵＴ読書術では〝いきなり読むこと〟はお勧めしていません。と言いますのも、それをやってしまいますと、本の内容が右から左に抜けて、頭に残らない可能性があるからです。

私たちは、スマホを始めとするＩＴテクノロジーに囲まれた便利な生活を享受しています。しかし、その利便性と引き換えに〝集中力〟という読書に欠かせない力が奪われてしまったのです。

２０１５年5月に、マイクロソフトのカナダの研究チームが、現代人の集中力低下を示唆する興味深いデータを発表しました。

結論から言いますと、本研究に参加した約２０００人の脳波を測定したところ、集中力の持続時間は約8秒であり、２０００年測定時の12秒を下回る結果だったのです。さらに、そのレポートによると、金魚の集中力はなんと約9秒。つまり、現代人は金魚よりも集中力がないと言われているのです。

注意散漫な状態で読書をしても、あまり内容が頭に入ってきませんし、効率的とは言えません。ですから、集中力に自信がない人、スマホがないと落ち着かない人、ふだん本を読んでも内容が入ってこない人は、本を読む前に、まずは集中できる環境を整えることを第一に取り組んでみてください。

読書環境が整ったら、次は「**読解**」です。ただし、ここでもいきなり本を開いて読み始めてはいけません。読解とは文字通り、読んで〝解く〟ことです。何を解くかと言えば、著者の主張を〝解く〟のです。

では、どうすれば解きやすくなるでしょうか？　これはもう読解の鉄則ですが、話のオチを先に押さえてしまえばいいのです。要するに、「この著者は、たぶんこういうことを言いたいのだろう」と、自分なりの仮説をもっておくことで、話が横道に脱線しても、本筋を見失うことなく読み進められるわけです。本は正々堂々と真正面から読まなければいけないというルールはありません。自分が読み解きやすいように、読んでいけばいいのです。

また、著者の主張を見失わないためには、やはり自分の「足跡」を付けておくことが無難です。具体的には、重要と思われる箇所に線を引いたり、メモを残したりしながら読み進めていきます。

これによって、膨大な本の情報が〝整理〟され、著者の主張や、全体構造が〝理解〟され、次の段階に進みやすい状態が整っていきます。

## 2-6 OUTPUT読書術の骨格

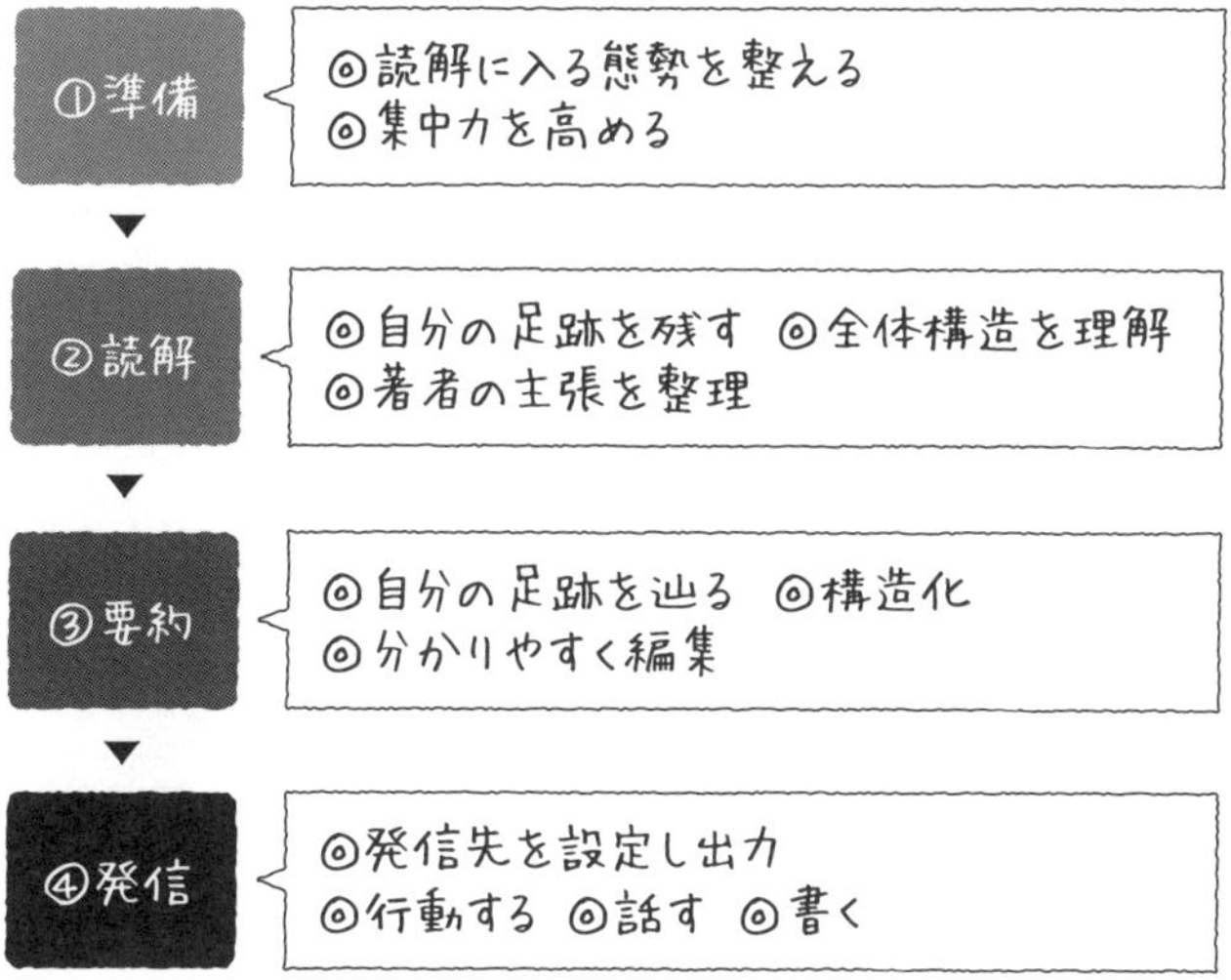


そして、「読解」が終わると、今度は**「要約」**へと入っていきます。要約というのは、本文中の中から無駄な枝葉を削ぎ落し、重要な幹の分だけを整理し、まとめ上げる作業のことです。

読了したらもう一度、本の森の中に足を踏み入れ、自分の「足跡」を辿っていきます。そして線を引いた場所、メモを残した場所を確認し、著者の主張をまとめていくのです。

そうしますと、幹だけになった文章のカタマリが完成しますから、それを伝えたい相手をイメージしながら、分かりやすい言葉へと〝編集〟していくのです。

本の内容のまとめが終わったら、いよいよ最終段階の「**発信**」です。この時に、OUTPUTの対象の設定確認を行います。自分用のメモとして書き記すのか、誰かに向けて発信するのか。今のご自身に合った強度を考えながら、話したり、書いたり、実際に〝出力〟をしてみましょう。

さて、ここまでよろしいでしょうか。以上、4つの手順がOUTPUT読書術を実践していくための、基本骨格になります。大まかな流れを掴んだら、次の章では、このベースに肉付けをしていきますので、まずはここまでの内容を、ご自身の中で整理してみてください。

# 自分の意見が出ない時の対処法

「本を読んでも、自分の意見が何も出てきません。どうすればいいでしょうか？」

この質問は、以前チャンネルのリスナーの方からいただいたものですが、実はこれに近い内容のご相談をこれまで数多くいただいています。

このような不安を抱えた状態で、ＯＵＴＰＵＴ読書術を実践するのは、しんどいと思いますので、この場で解消しておきましょう。

結論から言えば、本を読んでも何も意見が出ない人は、無理に意見を出そうとする意識をいったんゼロにしてみてください。そして、この章の冒頭でお伝えした、ＯＵＴＰＵＴの基本の型、４つのステップを思い出してみましょう。

意見を言うことはＯＵＴＰＵＴの最後のステップ「出力」になります。つまり、それがうまくいかないということは、その前のステップの、どこかに問題がある可能性が考

## 2-7　OUTPUTステップを見直す❶

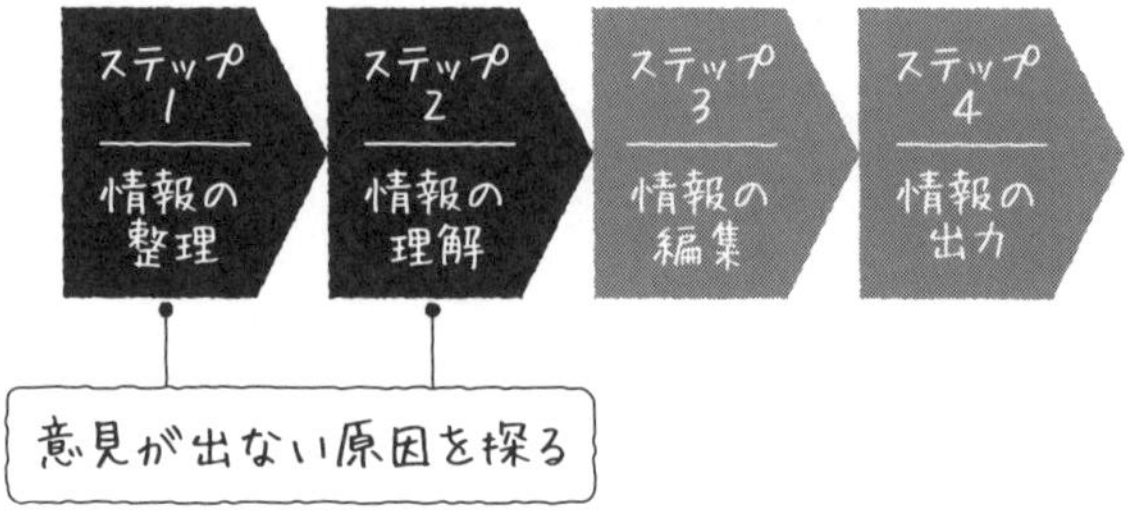


えられます。

この場合、まずステップ1とステップ2から原因を探ってみてください。自分は本当に、本書の要点が整理できているのだろうか？　著者の主張を理解できているのだろうか？　このように自分に問いかけ、問題の原因をリサーチするのです。なぜ、ステップ1とステップ2から疑うかと言いますと、この2つのプロセスが抜けると、自分の意見をつくりようがないからです。

では、この問題を〝対人コミュニケーション〟に当てはめて考えてみましょう。会話の中で、自分の意見を自然に言うためには、何よりもまず相手の話をよく聞いて、理解する必要があります。「何を話そうかな？」と次の展開を考えながら、適当に相手の話を聞いていては、会話の流れから外れた発言をしてしまい、自然な会話のキャッチボールは成立しないでしょう。つまり、会話においても、状況に適した自分の言葉を引き出すには、〝傾聴〟が大前提なのです。

では、話を元に戻しましょう。本というのは、著者が一文一文、心を込めて書いたメッセージです。したがって、それを受け取るには、まずは自分の意見を出そうとすることをやめ、徹底的に相手の話の内容に集中し、情報を整理し、理解することだけに注力してみてください。そうすることで自然と、自分の中で疑問や、共感などが生まれ、何か言いたい気持ちに駆られてくると思います。

それでも意見が出ない場合は、ステップ3の「情報の編集」に進んで原因を探っていきましょう。

このステップでは、情報をＯＵＴＰＵＴに適した形にまとめていく段階ですが、まとめた情報に対して、「つまり、そこから何が言えるのか？」という質問を投げてみてください。すると、自分の意見を絞り出しやすくなるはずです。この際のポイントは、なるべくシンプルな〝フレーズ〟〝ワード〟を引き出すことです。一般的に、こういった作業のことを「抽象化」と呼びます。

それが終わったら、自分がひねり出した言葉に対して「自分の人生にどのように役立ちそうか？」「自分が生きている社会とどう関係しているのか？」といった、自分と紐付けるような質問を続けて投げてみてください。すると、抽象化された言葉があなたと関係性を持ち始め、より説得力をもった意見がつくりやすくなると思います。ちょっとイメージが湧きづらいと思うので、例を挙げて説明します。

室町時代に能を大成した、世阿弥という人物をご存じでしょうか？　彼は晩年に著した『花鏡』という作品で、〝演者は自らの体を離れた客観的な視点をもったうえで、自分の演技を眺める意識が大切である〟と説きました。

要するに、自分の演技を、お客さんの席から見た時にどう見えるかをちゃんと考えてくださいねと、世阿弥は言っているわけです。

つまりこういった文を目にした時に、〝他者目線〟という抽象ワードを導き出したとします。今度はそれを踏まえて、「今の自分の仕事や私生活の中に、どうやって〝他者

## 2-8　OUTPUTステップを見直す❷

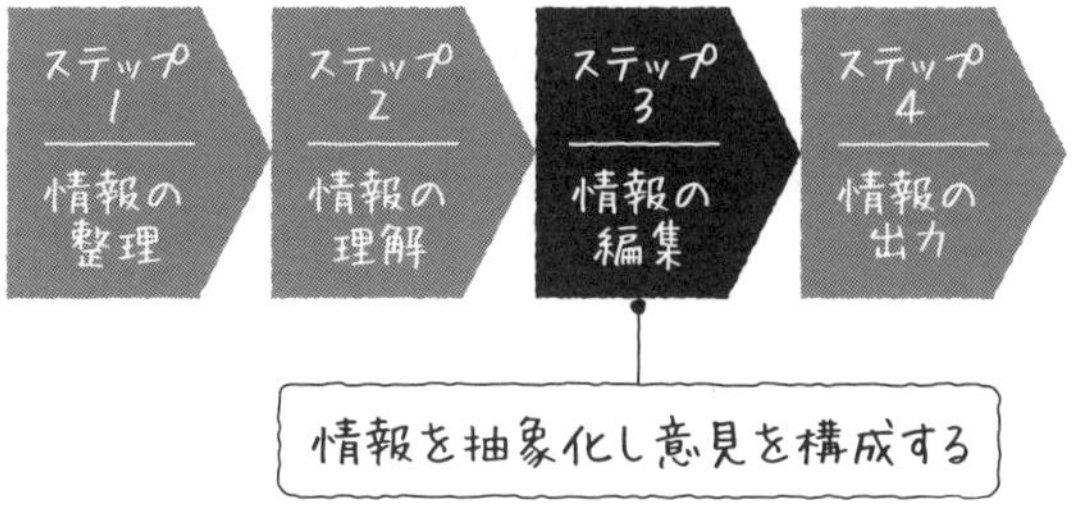


目線″を取り入れるのか？　仮に取り入れたらどんな結果が期待されるのか？」と想像し、現実と紐付けながら自分の意見を構成していくのです。このような思考手続きを何度か踏み、慣れていきますと、誰でも自信をもって自分の言葉でOUTPUTができるようになるはずです。

　ちなみに、自分の意見が出ない、というのはOUTPUTではよくある事例ですから、それほど深刻に受け止める必要はありません。大事なのは、OUTPUTに関して不具合が生じた時、いつでも立ち返れる基本の型を持っておくことなのです。

# スキマ時間をルーティン化する

さて、ここで質問です。あなたのスキマ時間は、１日どれくらいありますか？　通勤の時間、仕事や家事の合間など、全ての細切れの時間を足したら、何時間くらいになるか、ぜひ考えてみてください。

ちなみに、２０１４年に20代〜50代男女を対象に行われたインターネット調査（パナソニック調べ）によると、現代人のスキマ時間は１日平均１時間９分であることが示されました。つまり単純に年間換算すると、約17日分のスキマ時間があるというわけです。

前章でもお伝えしましたが、読書はＯＵＴＰＵＴしなければ、意味がなくなってしまうので、忙しい時ほど、こういった細切れの時間を上手に使っていきたいものです。

スキマ時間を有効活用するコツは、スキマ時間のデメリットではなく、メリットに目を向けることです。

ではスキマ時間のメリットとは何でしょうか？　それは、「短時間に集中して作業ができる」ことです。例えば、電車通勤の時間が30分あるのであれば、降りるまでのタイムプレッシャーを感じながら、昨日読んだ本の感想をスマホに打ち込んで、一気にまとめてしまうのもいいでしょう。

私も会社員として働きながらユーチューバーとして活動しておりますが、スキマ時間を利用しないかぎりは、おそらく発信活動を継続することは困難です。どうしているかと言えば、要約原稿や作業中に生まれるアイデアなどは、全てGoogleドキュメント上で管理し、移動中や隙間時間に、スマホやiPadですぐ編集できるようにしています。

ただ、スキマ時間の活用はそう簡単ではありません。なぜなら、人間の意志は弱く、短い時間だからこそダラダラと無駄に過ごしてしまいがちだからです。

それを防ぐ手立てとしてお勧めしたいのが、スキマ時間の過ごし方をルーティン化するという方法です。

まず、1日24時間のスケジュールを細かく書き出します。そして、実際どれくらいのスキマ時間が存在しているのかを明らかにしていくのです。

書き出してみると、例えば「通勤往路で20分、復路で20分、夕食後20分」といったスキマ時間の内訳が洗い出されます。そこの中に、自分のやるべきことを入れ込んでいくのです。

なぜ行き当たりばったりでスキマ時間を過ごすことを勧めていないかと言えば、スマホの誘惑があまりにも強すぎるからです。おそらく、スキマ時間を潰すことに関して、スマホの右に出るものはないでしょう。さまざまなアプリからの通知に、毎回反応していては、あっと言う間にスキマ時間がなくなってしまいます。しかも1回見始めたら、ずっとダラダラとスマホを見てしまい、スキマ時間どころか、メインタイムまで浸食されはじめてしまいます。

スマホとは本来、私たちの生活を豊かにしてくれる文明の利器です。しかし、それによって貴重な時間を奪われ、本来の目的を果たせなくなっては本末転倒です。だからこそ、行き当たりばったりではなく、ルーティンという仕組みによって、スキマ時間をマネジメントする必要があるのです。

また、少し細かい話になりますが、スキマ時間の長さに合わせて、最適な作業を当て込み、ルーティンを効率化させる方法もあります。例えば、スキマ時間が5分、10分、15分、20分というように細かく存在しているとします。5分程度の時間に適した作業。20分程度の時間に適した作業。おそらく、これは人によって異なるはずです。

自分が洗い出したスキマ時間と、その長さに適したアクションとは何か？ そういったことを考えながら、スキマ時間のルーティンをつくり、ＩＮＰＵＴやＯＵＴＰＵＴを当ててみてはいかがでしょうか。

## OUTPUTを日常化する

ＯＵＴＰＵＴはトレーニングであり、実践した数だけ〝筋力〟がつきます。どれだけ誰かに話したか、どれだけ誰かに向けて書いたか、どれだけ行動したか。こういった地道な積み重ねが、あなた自身を作り上げるのです。ただ、貴重な時間を投資してＯＵ

ＴＰＵＴするわけですから、不必要な筋力までつける必要はありません。自分に必要な筋力に集中し、合理的なトレーニングをしていきましょう。

今からお伝えするのは、ふだんの生活の中で、読書以外のＯＵＴＰＵＴをする際の心得についてです。ご存じのように、私たちの世界は情報に溢れ、いつでもどこでもＯＵＴＰＵＴできる状態にあります。

例えば新聞やニュースで仕入れた情報を、自分なりに整理し、要点をまとめて知人とディスカッションする。最近観た映画や、自分の大好きな漫画の面白いポイントをまとめる。１日の出来事を振り返り、日記をつける。会議の議事録をとる。今朝のニュースを誰かに話す。このように、私たちの日常にはＯＵＴＰＵＴのネタが至る所にあるのです。

そんな状況で心がけるべきこと、ＯＵＴＰＵＴ題材の取捨選択です。何をＯＵＴＰＵＴし、何をしないのか。それを自分の頭でしっかり考え、確立させるのです。なぜならＯＵＴＰＵＴは、未来のあなたを決定付ける行為だからです。

だからこそ、第１章でお伝えした通り、ＯＵＴＰＵＴをする際には、自分の目的を忘れてはならないのです。

では、ここでひとつ例を挙げましょう。〝3年間で1人前の営業力を身に付けたい〟と思っている新人営業マンA君が、仲のよい同期のB君と久々に再会し、お酒を酌み交わしながら、仕事の話題で盛り上がっているとします。

そこでA君はそろそろ仕事以外の話に切り替えようと思い、頭の中から2つの雑談ネタを引っ張ってきました。ひとつが、有名芸能人のお騒がせニュース。もうひとつが、最近ハマっているNetflixの海外ドラマに関する話題。

さて、この場合、A君がB君にOUTPUTした方がいいのは、芸能ニュースでしょうか？ それとも海外ドラマに関する情報でしょうか？ もちろん何を話すかは自由ですが、OUTPUTをトレーニングの視点で考えてみてください。

答えはもちろん後者の海外ドラマです。なぜでしょうか？ ヒントは、A君の〝目的意識〟です。つまり、営業力を付けるのがA君の目的なのですから、仲のいいB君に、その海外ドラマの魅力を熱弁し、売り込めばいいわけです。もしB君がNetflixに興味がなかったとしても、A君が刺さるOUTPUTをすれば、きっと1カ月の無料体験に申し込み、満足すれば継続視聴することでしょう。こうなれば、両者にとってwin-win

であり、Ａ君は自分の営業トークを練習できただけでなく、目的に向けて一歩前進したと言えます。

これがまさに自分の目的を意識したＯＵＴＰＵＴなのです。そして、ＯＵＴＰＵＴに長けた人は、自分にとって意味のあるＯＵＴＰＵＴの機会を、日常の中で瞬時に見極め、そのうえで話したり、書いたり、表現したりしているのです。

私たちの日常には、ＯＵＴＰＵＴの題材が多くあります。その中で自分の目的を意識しＯＵＴＰＵＴすべきテーマとそうでないテーマを見極め、本当に必要なＯＵＴＰＵＴにエネルギーを集中させることによって、私たちは無限の可能性を手にすることができるのです。

第 3 章

# OUTPUT
# 読書術の
# 具体的な方法

# 視界をデザインする

さて、あなたとの旅もそろそろ中盤を迎えます。適度に休憩を入れ、無理のないペースで進んでいきましょう。ここからは、いよいよＯＵＴＰＵＴ読書術の具体的な方法を紹介していきます。前章でざっくりイメージしてくださいとお伝えした、基本骨格に沿って進めていきたいと思います。さぁ、第３章の旅のはじまりです。

まず、読むための「準備」として、読解に〝集中〟するための環境を整えていきましょう。集中するための方法はいくつかありますが、とくに意識していただきたいのは、ズバリ「視界」です。

人間が外界から情報を得る際、五感を使いますが、その割合は知覚によって全く異なります。産業教育機器システム便覧によると、その内訳は、視覚83％、聴覚11％、嗅覚3・5％、触覚1・5％、味覚1・0％となっており、視覚からの情報量が群を抜いて多いのです。

また、2020年1月、メガネブランドZoff（ゾフ）は、人間の「視覚」に着目した、面白い商品を発表しました。その名も、「Zoff＋集中」。これは、〝集中できる環境を作るメガネ〟と言われており、集中したい時は、フレームに取り付けた着脱式のフードをONにして、外界からの視覚情報を物理的にカットできるのです。これによって、眼球の動きをコントロールしている脳の部位（前頭眼野）への負荷が軽減され、その結果、目の前の作業に集中できるというわけです。つまり、注意散漫モードから集中モードに切り替えるにあたって、「視界のデザイン」は理にかなった戦略なのです。


例えば、読書は必ず自分の部屋でする方であれば、まずは身の回りの掃除をし、手もとには、〝本とペンと付箋だけ〟というシンプルな状態をつくってみてください。この際、最も注意しなければならないのは、スマホをできるかぎり、自分から遠ざけておくことです。

米テキサス大学のエイドリアン・ウォード教授らの研究チームの調査によると、スマホを使っていなくても、自分の近くにあるだけで、意識が分散し、脳の認知能力の一部が消費されてしまうということが示されています。ですから、まずは視界から、余計な情報やデジタルデバイスを排除し、意識が削がれてしまうリスクを可能なかぎり下げておきましょう。

とはいえ、視界から何もかも取り除けばいいわけではありません。実は観葉植物などの緑が視界に入ると、逆に集中力が高まるという研究結果もあります。人の目に映る草や木などの緑量の割合のことを緑視率と言いますが、豊橋技術科学大学の松本博名誉教授らの研究によると、割合としては10～15％の時が、最もストレスが減り、パフォーマンスも高まることが示されています。

近年、グーグルやアマゾンを筆頭に、国内外の多くの企業がオフィス内に植物を取り入れていますが、それは科学的エビデンスに基づいた生産性向上施策の一環でもあるのです。

このように、自分が最大限集中できるような視界をデザインしたら、実際に読み始めてから、集中力が切れるまでの時間（集中力持続時間）を測っておくといいでしょう。自分の集中力の限界値を知っておくと、読書のみならず、本気で集中したい時にスケジュールが組みやすくなります。

それでも集中できる自信がない方は、視界をデザインする前に、短時間の有酸素運動（ウォーキング、ランニングなど）を取り入れてみるとよいでしょう。スウェーデン・ヨンショーピング大学の研究チームが２０２０年に発表した研究によると、軽度から激しい有酸素運動を、たった2分間行うだけで脳が活性化し、学習記憶、集中力といった、読解に必要なさまざまな要素が向上する可能性が示されています。


ちなみに、スマホといったテクノロジーによって、現代人の〝集中力〟が失われてしまったと前章でお伝えしましたが、そもそも人間は〝集中〟が得意ではないのです。

進化心理学の世界では、私たちの社会的特徴や心理的特徴の多くは、農耕以前の長い時代、すなわち、狩猟採集時代に形成されたと言われています。

その当時は、ひとつのことに集中し過ぎていれば、自分や家族の身に迫る危機を察したり、あるいは獲物を捕らえるチャンスを捉えられないわけです。ですから、人類は、四方八方に注意が向くような存在へと進化し、その特徴を残したまま現在に至っているのです。

このように人間の初期設定が、〝注意散漫モード〟だと分かっていれば、「私は集中力がない」と、自分に負のフラグを立てる必要もなくなります。読む前は視界をデザインし、〝集中モード〟に設定変更する。たったこれだけで、読書体験は全く違うものになるでしょう。

# 表紙と帯と目次から「仮説」を導き出す

続いてOUTPUT読書術の「読解」についてのお話をいたします。第2章でお伝えしたように、〝話のオチ〟を先に押さえて、自分なりの〝仮説〟をもっておくと、文章の理解が格段に深まります。では具体的に、どうすればいいのでしょうか？

結論から言いますと、「本の表紙、帯、目次」をチェックして、仮説を導き出すのです。

まず本の表紙で確認すべきは、タイトルです。本の顔とも言えるタイトルは、仮説を導き出すうえで、絶対に無視できない情報源です。例えば、福沢諭吉の『学問のすゝめ』という本のタイトルから仮説を導きだしていきましょう。やり方は簡単です。ひたすら５Ｗ１Ｈを意識した疑問をぶつける。これだけで大丈夫です。試しに『学問のすゝめ』というタイトルに質問をぶつけてみましょう。

・「誰」に対して、学問をすすめているのだろう？
・「なぜ」学問をすすめているのだろう？

いかがでしょうか。ビックリするほどシンプルです。ちなみに、今の質問に対して〝自分なりの答え〟が出せれば、仮説はもう完成したようなものです。

『学問のすゝめ』には、ビジネス書のような洒落な帯もなければ、キャッチーな目次もありません。したがってタイトルだけで仮説を立てる必要があります。

さぁ、どうすればいいでしょうか。こうなったら、自分の思考を働かせるしかありません。では、福沢諭吉についてあなたの知っている情報を教えてください。福沢諭吉といえば何でしょう？　そうです。日本の最高紙幣である１万円札の顔であり、慶應義塾の創設者です。となりますと、「自分の学校の生徒に対して、勉強しなさいって言っている話かな？」と、なんとなく想像ができます。

ただ、よく考えてください。校長先生が自分の生徒に勉強しなさいって言うのに、わざわざ全国に本を出すでしょうか？　それはちょっと不自然です。ということは、今の生徒だけではなく、これからの生徒も含めたメッセージではないかと推理できます。これからの生徒とは、慶應義塾にこれから入学するであろう生徒です。

つまり、『学問のすゝめ』とは、福沢諭吉が「日本の皆さん！　僕、学校つくったから、一緒に学問しませんか？」と勧誘しているお話では？　と仮説が立つわけです。いかがでしょうか。このように仮説づくりは、推理ゲームのように楽しく思考をトレーニングできるのです。

もちろん今のようにタイトルだけで、仮説が立てられない本だってたくさんあります。そのような場合は、表紙に書かれている説明文と帯に手がかりを求めましょう。とくに帯には、その本を一言で表すキーワードがバシッと書かれていることが多いのです。

今度はそれに対しても先ほどと同様に疑問をぶつけていき、「おそらく、こういう話だろう」と仮説を導き出していきます。そのうえで今度は目次を開いていき、章タイトルを確認していきます。本の各章には、筆者の主張がそのままタイトルになっていることもあります。それを参考にしながら、自分の仮説を修正していくわけです。もちろん、仮説を立てるのは、今紹介した順番でなくても構いません。ご自身のやりやすいように仮説を立てていきましょう。

ただこの時に、ご注意いただきたいのは「**仮説設定に時間をかけ過ぎないこと**」です。スムーズな読解を行うために〝仮説を立てる〟のであって、名探偵の如く〝仮説を当てる〟ことに囚われる必要はありません。

仮説が間違っていても読解には何ら支障はありませんから、一切気にしないでください。読み始める前に「たぶん、こんな話だろう」と想像を巡らすひと手間を挟むくらいの、ゆるい感覚で大丈夫です。こういった、下準備をしておくだけで、著者の主張が追いやすくなり、その後の要約や発信といったプロセスもスムーズに進んでいくはずです。

# 言葉の「温度」を拾い読む

仮説を立て、準備が整ったら、次は実際に読み解いていきましょう。ただ、いきなり1ページ目の1行目から腰を据えてじっくり読むのではなく、初めは「拾い読み」から進めていきます。拾い読みのコツは、言葉に宿る「温度」に注目することです。例を挙げて説明しましょう。

・両親にお菓子を買ってほしいと、駄々をこねる子ども
・生徒に勉強の面白さを分かってほしいと、熱弁する教師
・顧客に自社製品を使ってほしいと、ＰＲする営業マン

このように、相手に対して自分の考えや気持ちを、理解してほしくてたまらない人の姿を想像してみてください。顔を真っ赤にして、大きな声を張り上げる人。身振り手振

りを使いながら、同じ主張を何度も繰り返す人。あなたもきっと、これまでの人生で幾度となく見たり、経験したりしているはずです。

　このように「伝えたい！　伝えたい！　伝えたい！」という、内側から湧き出る衝動が強くなればなるほど、言葉はその人自身の血潮で染まり、熱を帯びてくるのです。

　これは普段のコミュニケーションだけでなく、文章も全く同じです。著者が「伝えたい！」という箇所には、著者自身の「体温」が宿っています。そこで、著者が作中の中で、とくに伝えたくて、気持ちが熱くなっている場所に着目し、そこを拾い読みし、〝自分の足跡〟を残していくのです。これによって、作品全体の方向性を読み誤る可能性は、かぎりなく低くなっていきます。

「そんなの分からないじゃないか！」とご心配のあなたに、とっておきの方法をお伝えします。実は、言葉の温度が上昇する場所は、だいたいココだと相場が決まっています。ですから全く恐れる必要はありません。そこで今から著者の主張を簡単に見つけるコツを3つお伝えします。この基本が体に沁み込んでいますと、あらゆる文章読解で応用が

## 主張を見つけたら線を引く

効きますから、しっかり押さえておきましょう。

**①文章の最初と最後を確認する**

文章の定番構成のひとつに「序論・本論・結論」というものがあります。これは、初めに一番伝えたいことを強調し、次にその主張を支える根拠や具体例や背景などを述べ、最後にもう一度伝えたいことを繰り返して強調するという、文章作成における基本の型になります。

このフォーマットは、とくに評論文、ビジネス書、ブログなどで多用されており、序論と結論の2カ所に著者の主張が集中します。したがって、拾い読みをする際には、文章の〝最初と最後〟に注目し、全体の流れを掴みましょう。もし、そこに著者の強い主張があれば、線を引き、自分の足跡を残していきましょう。

## ②強調表現に着目する

著者の強い主張を探るうえで手掛かりになるのは、何と言っても強調表現です。具体的な表現としては、以下のような文章が挙げられます。

「最も重要なのは、○○である」
「一番の秘訣は、○○をすることだろう」
「○○こそが、唯一の道である」
「○○を最優先すべきだ」

ちなみに、こういった強調表現も、先ほどと同様に、序論・結論に集中します。このような明らかな「温度」が急上昇している箇所を見つけたら、すかさず線を引いていきましょう。

### ③譲歩構文に着目する

ただ、文章の最初と最後だけ見ておけばそれでいいかというと、実はそうではありません。なぜなら、序論と結論に挟まれた〝本論〟の中にも、著者の強烈な主張が隠れていることもあるからです。

想像してみてください。本を読んでいて、「結論から言えば○○である」というフレーズが、事あるごとに冒頭に連発されていたらどうでしょうか？　あまりに機械的で、著者の体温を感じられず、せっかくの主張が弱々しくなってしまいます。

そこで、著者は自分の主張をアツアツの状態で、読者の心に届けたいがために、あえて冒頭は読者の興味を引くだけに留め、本論に強い主張を入れ込むという手法をとることがあるのです。

「そんなことをされては、主張が余計に分からなくなるじゃないか」

そんな声が聞こえてきそうですが、心配には及びません。と言いますのも、著者は読者に対して、「私は今から主張しますよ！　用意はいいですか？」と、事前にサインを出してくれるからです。

この著者から出るお決まりの合図のことを「譲歩構文」と言います。具体的には、「た

## 3-2 「しかし」に注目する

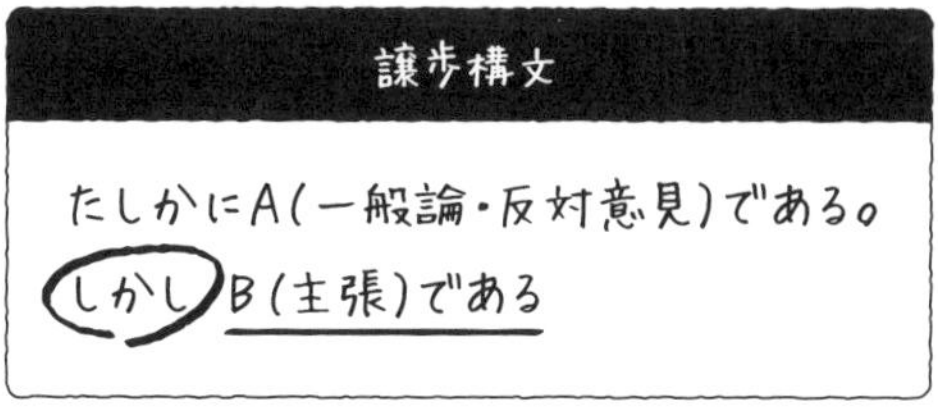


しかにAである。しかしBだ」というように、譲歩する姿勢を見せた後、主張を展開するものです。要するに、自分の反対意見あるいは一般論（A）を対比させることで、自分の主張（B）を目立たせるわけです。この構文を見つけ次第、「しかし」「ところが」といった逆接の接続詞を丸で囲み、その後に来る著者の熱い主張に線を引いていきましょう。

ちなみに、線を入れるタイミングですが、拾い読みをする時でも、普通に読み始める時でも、どちらでも構いません。ご自身の中でしっくりくる方を選択してほしいと思います。また、多少抜け漏れがあっても読解自体に大きな支障は出ませんから、ご安心ください。

拾い読みが完了し、著者の強い主張にひと通り、〝自分の足跡〟をつけ終わったら、試しにその部分だけを読んでみましょう。おそらく、著者の言わんとしていることが、スッと入ってくると思います。なぜかと言えば、マーキングによって文章の幹の部分だけが露になり、その結果、文章全体の情報が〝整理〟され、〝理解〟しやすい状態になっているからです。となりますと、ＯＵＴＰＵＴの基本の型（４つのステップ）の次の段階、すなわち、情報の〝編集〟もしやすくなるわけです。

たしかに、文章の温度に着目しながら拾い読みをしたり、線を入れたりする作業は面倒に思えます。しかし、本の内容をＯＵＴＰＵＴし、確実に血肉化させるプロセスから逆算して考えると、これほど効率的な手段はないのです。

# ツッコミモードに切り替える

「いや、ちょっと待ってください。著者の主張が分かってしまったので、もう読む意味がなくなってしまったのでは？」

なるほど。素晴らしいツッコミです。たしかに本の情報が整理され、著者の言いたいこともだいたい分かっている状態であれば、あえて振り出しに戻る必要はない気がします。もちろん本の読み方はあくまで個人の自由ですから、正解も不正解もありません。ただこの状態というのは、ミステリー小説でたとえるなら〝犯人〟は分かったけれども、〝犯行動機や犯行手口は不明〟という状態に似ています。ですから、本に書かれているノウハウや、事実だけを知りたいのであれば、無理に戻る必要はありません。しかし、著者の思考や感情に触れることで、本の世界に没入し、じっくり読書を味わいたいのであれば、もう一度森の入口まで戻り、ご自身の足で散策をしてみてほしいです。

では、本の森の中に深く入る前に、持ち物の確認からしていきましょう。

まず１つ目、本の表紙、帯、目次から、導き出した「仮説」はおもちですか？　もし拾い読みをした結果、仮説に変更があれば修正していただいても全く問題ありません。

では２つ目、ペンはお手もとにありますか？　拾い読みの際、ノーマークだった大事な主張を見つけたら、すかさずマーキングを入れていきましょう。

最後３つ目、付箋はありますか？　使い方は後でお伝えしますので、こちらもご用意ください。


持ち物チェックが終わったら、気持ちを「ツッコミモード」に切り替え、１行目から読んでいきましょう。つまり、ただ字面を追うのではなく、時に頷いたり、ツッコミを入れたり、まるで著者と対話をするようにアクティブに読んでいくのです。

イメージしにくい方は、お笑い芸人（ツッコミ担当）のコミュニケーションの取り方を思い浮かべてみてください。相手の話をしっかり聞く。オーバーなくらい頷き、共感を示す。ボケに対してツッコミを入れる。こういった技術を読解に応用するわけです。

過去２０００組以上のお笑い芸人の方々を指導された放送作家の村瀬健さんは、「ツッコミの本質は『違和感』を指摘することである」と説いています。そこで、お笑い

## 3-3　ツッコミモードの3神器

芸人さんたちのコミュニケーション技術を読解に応用すると、次のようになります。

「著者の主張に線を引きながら〝頷き〟、違和感があれば〝ツッコミ〟を入れる」

　これによって、まるで著者と対話するような、アクティブな読書が可能となります。

　また、違和感とは自分と相手の感覚や、考え方の不一致によって生じるものです。ですから何も考えず、ただ受け入れるだけの姿勢では、違和感が一切発生せず、「はいはい。なるほどね」と感心するだけで読書が終了してしまいます。そうならないためにも、読解に入る前に「**ツッコミモード**」に切り替えたうえで読み進めていただきたいのです。

## 定番ツッコミ3点セット――

### 問い・主張・根拠

ツッコミといっても、面白さや斬新さ、あるいはキレのある反論をひねり出す必要はありません。肩肘を張らず、あなたの頭に浮かんできた、純粋な疑問を文章に投げかけてみましょう。そうすることで、「なるほど。この著者は、こういう話をしたかったのか」と理解を深めながら、読み進めることができるはずです。

ちなみに、ツッコミを入れる場所については、とくに決まりはありません。ご自身の考えや感覚、あるいは事前に用意した仮説などと比べながら、好きなようにツッコミを入れてほしいと思います。その際、自分が思ったこと、気付いたことは、本の中にメモを残しておくとよいでしょう。これをやっておくと、要約作業の時に、自分の意見をつくりやすくなります。

では、ご参考までにツッコミを入れやすい定番ポイントを３つご紹介しておきます。

### ①「問い」にツッコミを入れる

著者は、本を書くにあたって何かしらの〝問い〟を立てているものです。なぜなら、何のために本を書くのかといった〝問い〟を明確にしなければ、読者に対して説得力のある主張を展開できないからです。

「具体的にどういったことに対して問題意識をもっているのですか？」

「本を書こうと思ったきっかけは？」

というように、**著者にインタビューするつもりでツッコミを入れていきます。**そうしますと、「この作者は、今の社会に対してＡという問題を感じていて、そのきっかけになったのはＢという出来事だったのだ。そこで、Ａを解決するための手段として、Ｃを提案しようと決意し、だからこの本を書いたのだ」というように作品の根底にあるストーリーが整理されていくわけです。これによって、著者が読者に伝えたいメッセージの方向性を間違う可能性は低くなるはずです。

### ②「主張」にツッコミを入れる

おそらく、最もツッコミやすいのが、〝著者の主張〟でしょう。ここでは、自分が用意していた仮説と比べて、**違和感があれば「それはなぜ?」とツッコミを入れていきます。**

ここでのポイントは、〝自分と違うこと＝不正解〟とみなし、対話をストップしないことです。その主張は、著者にとってはある種の正解なのですから、どういう思考プロセスで、そういった主張に至ったのか、理由を問い続けるのです。

すると、その人が生きていた時代、取り巻く環境、生い立ちなど、さまざまな要因が複雑に絡み合いながら、その主張が形成されていることが見えてくるはずです。その結果、「Aは同意できないけど、Bは共感できる」とか「今はあなたに全く共感できないけど、同じ時代を生きていたら、私もあなたと同じことを思っていたかもしれない」というように、〝対話に近い読書〟が展開されるわけです。

## ③「根拠」にツッコミを入れる

主張を支えるものは、根拠です。根拠というのは、著者自身の体験であったり、科学的データであったりします。それを複数並べて、主張を支えるのです。

例えば、「絶対に○○すべきだ」という強烈な主張があったとします。そうしますと、著者の主張の近くに「なぜなら○○だからだ」という根拠がいくつか見つかるはずです。

それに対して、「本当に？」「なぜ？」というように、ツッコミを入れていくのです。最もらしい根拠が書かれていると、ついその情報を信じてしまいがちですが、いったん立ち止まって冷静にツッコミを入れてみてください。すると、「科学的にはそうかもしれないけど、私の場合は当てにならないな」というように、自分の頭で情報をふるいにかけながら読み進めることができるはずです。

# 付箋は3枚に限定する

本の森を散策するうえで、「付箋」は大変重要な役割を果たします。ご存じのように、付箋はメモになったり、何かを目立たせる印になったり、索引の代わりになったりと、多様な使い方ができる優れものです。ただその手軽さ、便利さゆえに、付箋が氾濫し、かえって煩わしい存在となってしまうケースも珍しくありません。

そこで今から、OUTPUT読書術を実践するにあたって、付箋を効果的に使う方法をご紹介します。覚えておいていただきたいポイントは2つです。

ひとつが、付箋に〝**明確な役割**〟を与えること。

そしてもうひとつが、付箋に〝**枚数制限**〟を設けることです。

もし付箋の役割が明確でなく、曖昧であったらどうなるでしょうか？　ある人は重要だと思われる箇所にドンドン付箋を貼ったり、またある人は付箋にメモを書いたりと、さまざまなケースが想定されます。その結果、ペンと付箋の役割が重複し、情報の〝整理〟が困難になってしまいます。

それを防ぐには、上司が部下に仕事を振るように、ペンにはペンの仕事、付箋には付箋の仕事、というようにマネジメントする必要があります。OUTPUT読書術においては、ペンと付箋の役割を次のように割り振ります。

**ペン：著者にとって重要な箇所を明らかにする役割**

**付箋：読者にとって重要な箇所を明らかにする役割**

これによって、ペンと付箋の役割が分離され、情報の整理がしやすくなるはずです。

この際、付箋に枚数制限を設けることも重要なポイントです。個人的には、本に立てられる付箋は3枚までというルールを設けていますが、ご自身にあった、付箋の上限枚数を設定してみてください。

さらに、付箋の貼り過ぎを防止し、本当に自分にとって大事な箇所をより明確にすることができます。さらに、枚数に制限があると、著者の意見に流されることなく、自分にとって本当に重要な情報とは何かを考え、選び抜くセンスも洗練されていきます。では、実際どのように付箋を立てるのか、その具体的な手順をご紹介しましょう。

まず1章を読み終わったら休憩を入れてください。そして、その中で〝あなたにとって最も重要だと思われた箇所を見つけ、そのページに1枚付箋を立てましょう。著者の主張に流される必要はありません。**「あなたにとってそれは重要か？」ということだけを考えて付箋を貼るのです。**仮に重要だと思われる箇所が複数あったとしても、自分の直感を信じ、勇気をもって1カ所に絞り込んでください。

そして、この作業を各章で行っていきます。例えば、5章構成の本であれば、読了後には5枚の付箋が立つはずです。そしたら最後の仕上げに入ります。

その中でも、あなたが一生記憶に残しておきたいと思うトップ3を選出してください。そして残念ながら厳正なる選考に漏れた2枚の付箋をここで捨てます。おそらく苦渋の決断となりますが、それでもやり遂げましょう。

以上の作業が終了しましたら、3枚の付箋が立った箇所をじっくり眺めてみてください。そこにあるのは、自分と対話し、悩みながら手にした〝自分にとって本当に大切なこと〟を示す情報です。著者から言われるがままではなく、自分の頭で考えながら取捨選択した結果がそこにあるのです。

このように、自分にとって大切なことを、誰かの意志ではなく、自分の意志で決められる手応えや感覚のことを「**自己決定感**」と言います。そして、この自己決定感こそが、自己肯定感や人生の幸福度を高める重要な要素なのです。

どんな名著であっても、著者とあなたは違う人間です。ですから、そこに書かれている一言一句が、自分にとっての正解ではないはずです。何が自分にとって必要なのか？何が自分にとって大切なのか？　そういった客観的な視点を失わないためにも、ＯＵＴＰＵＴ読書術では、付箋に明確な役割と制限を与えているのです。

# A4用紙1枚でまとめる

読解が終了したら、次は「要約」です。さて、ここで一度基本に立ち返りましょう。OUTPUTの基本の型（4つのステップのうちの3つ）を思い出してみてください。ステップ1が〝情報の整理〟。ステップ2が〝情報の理解〟。ステップ3が〝情報の編集〟でした。つまり、今から行うことは、本を読んで学び得た情報を、編集する作業になります。具体的には、本に付けた〝自分の足跡〟そして〝付箋〟を辿りつつ、A4用紙1枚に、情報を分かりやすくまとめていきます（手書きでもデータでも可）。

ここでの要約のポイントは、**見栄えのよい文章をつくることではなく、筋の通った「構造」をつくること**です。あくまで、ここで行う「要約」作業は、次のステップ「出力」をするための土台づくりであるとイメージしてください。まとめ方にも型がありますから、それに準じて実行すれば、誰でも簡単に要約できます。まず押さえておいていただきたい要約の基本となる型を2つご紹介します。

## 3-4 OUTPUTの典型例❶

### 序論・本論・結論型

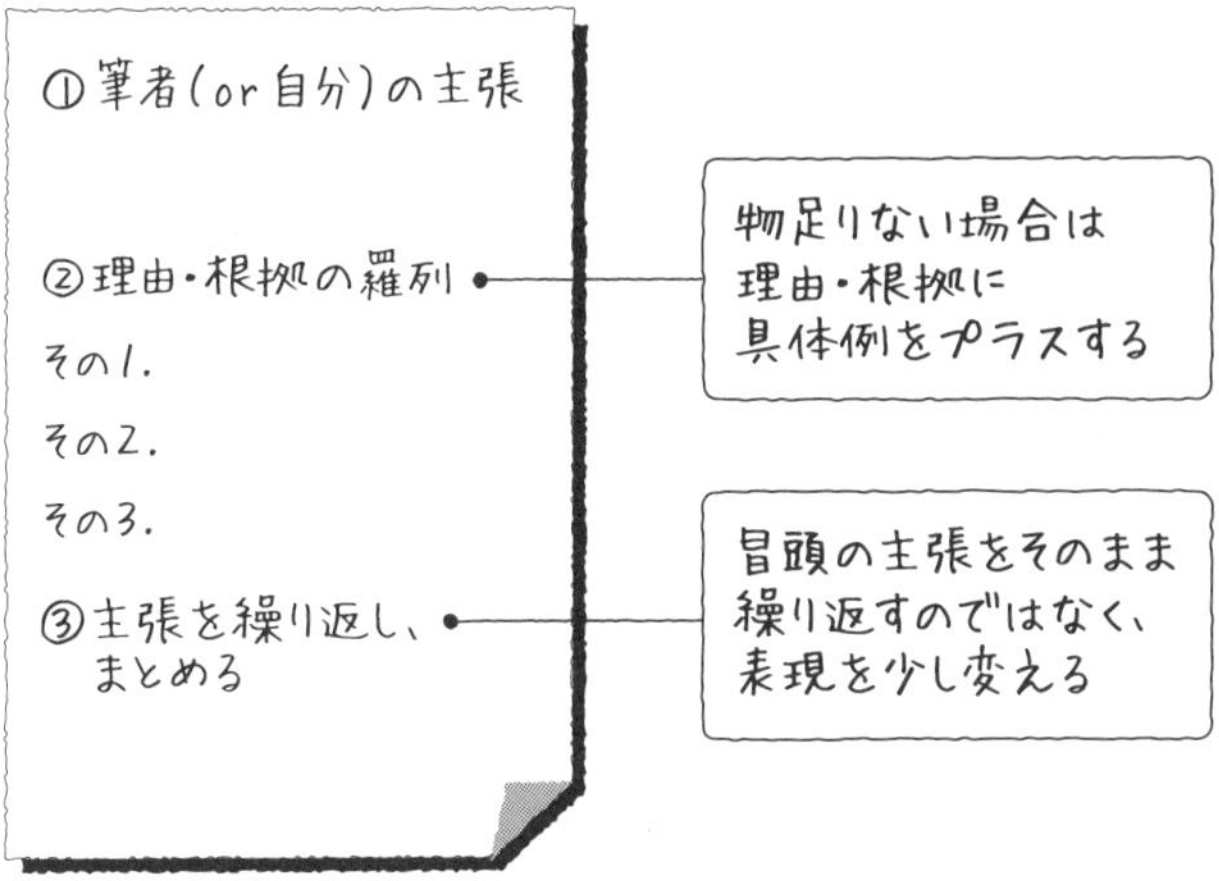


### ①序論・本論・結論型

これは、先ほどもお話しした文章作成の定番テンプレートです。初めに著者が最も伝えたかった主張を書き、次にその理由や根拠を書き、最後に主張を言葉やニュアンスを変えながらもう一度繰り返すというものです。物足りない方は、理由と根拠を書いた後に、具体例をプラスするとよいでしょう。

自分の主張を展開する時も同様です。「この本を読んだ結果、私はこう思った。理由は○点ある。第一に〜だ。第二に〜だ。第三に〜だ。だから私はこう思った」このように、主張を展開する際に、序論・本論・結論型は、非常

## 3-5　OUTPUTの典型例❷

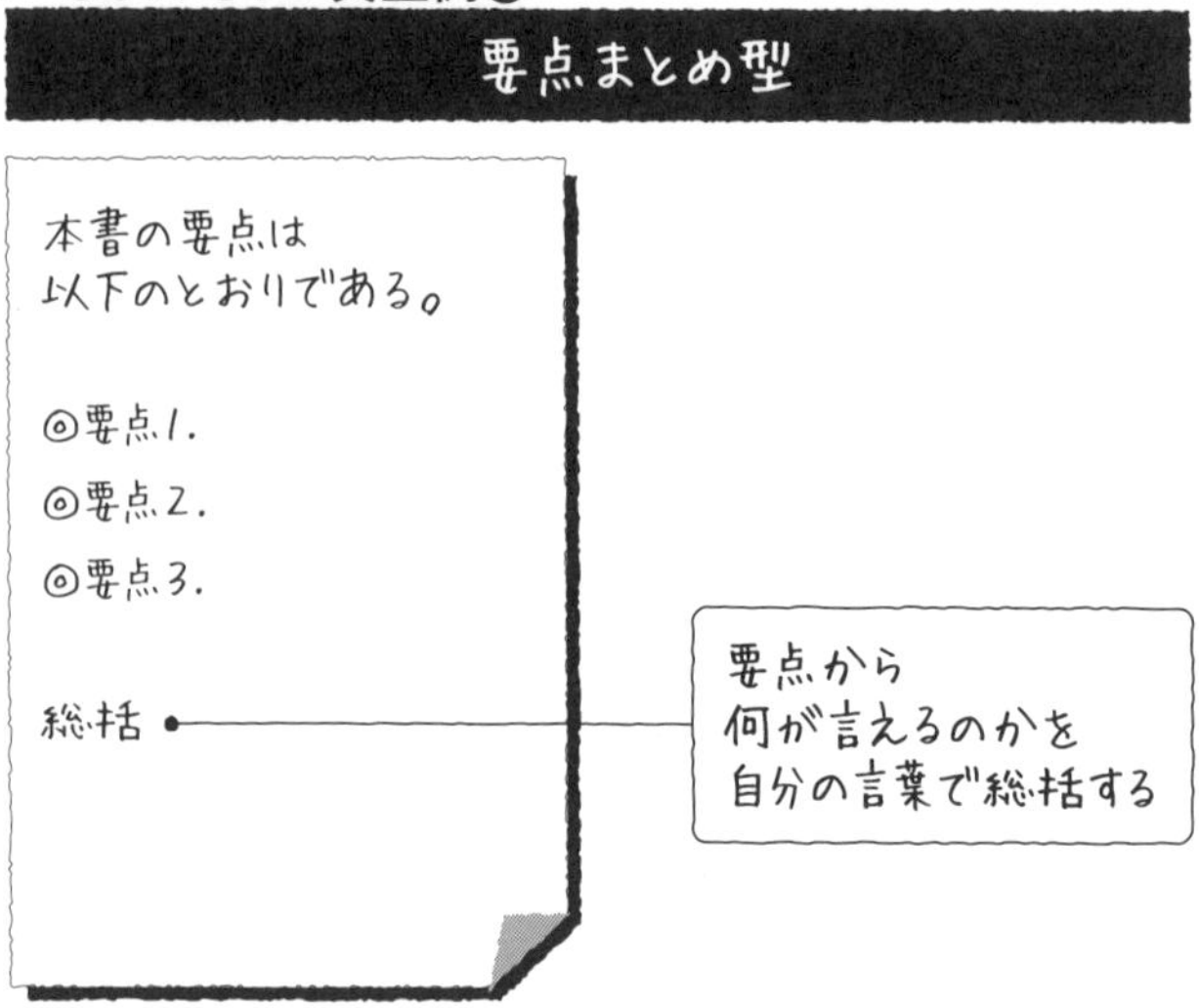


にシンプルで使い勝手のいいテンプレートと言えるでしょう。

### ②要点まとめ型

これは、その名の通り、本の中の要点をまとめて羅列するというものです。例えば、5章構成の作品があるとしましょう。その中で、とくに自分が重要と思われた箇所3点に絞り込み、付箋を立てていたとすれば、それらをまとめて羅列すればいいわけです。

それだけでは寂しいという方は、羅列した要点から何が言えるのかを考え、最後に自分の感想を加えるとよいでしょう。読解の最中に、気付いたことや疑問点などのメモがあれば、それを参考にしてご自身の意見をつくってみてください。

要約とは、自分が取得した情報を丁寧に箱詰めする作業のようなものです。本に残した自分の足跡を辿って、型にはめ込むだけですから、情報がきちんと整理され、理解することができていれば、実はそれほど難儀なことではありません。

要約作業がテンポよく進まない場合は、そこに至るまでの作業が抜け落ちている可能性がありますから、まずはそこから疑ってみましょう。

## 「思考」を深める壁打ちトーク

では、「要約」が終わりましたら、いよいよ最後は「発信」となります。要約が箱詰め作業であるならば、次の段階の「発信」は、見栄えよくラッピングし、配送する作業のようなものです。

まずやることは「発信先」の設定です。もちろん事前に設定いただいても全く問題ありません。過去の自分に向けて発信するのか、友だちやパートナーに向けて発信するのか、それとも不特定多数に向けて発信するのか。自分にあった強度を考えながら情報を投げる先を決めましょう。

次に、自分が要約したＡ４サイズの紙を眺めながら、その発信先の相手にとって適した言葉になっているのかチェックをしていきます。その結果、自分の要約を読み上げた際に「情報の受け手にとって分かりにくい言葉」を見つけたら、その言葉を、発信先の相手が飲み込めるレベルまでかみ砕いていきます。具体的には、専門用語は日常用語へ、抽象的な表現は具体的な表現へ、固すぎる言葉は柔らかい話し言葉へ変更し、〝言葉の焼き直し〟作業を行います。

それが終わったら、実際に「発信」してみましょう。それでは、具体的に〝他者〟に向けた「発信（話す）」方法についてお伝えします。

個人的にお勧めしたいのは、読書仲間との壁打ちトークです。要するに、お互いに読

3-6　壁打ちトークのイメージ図

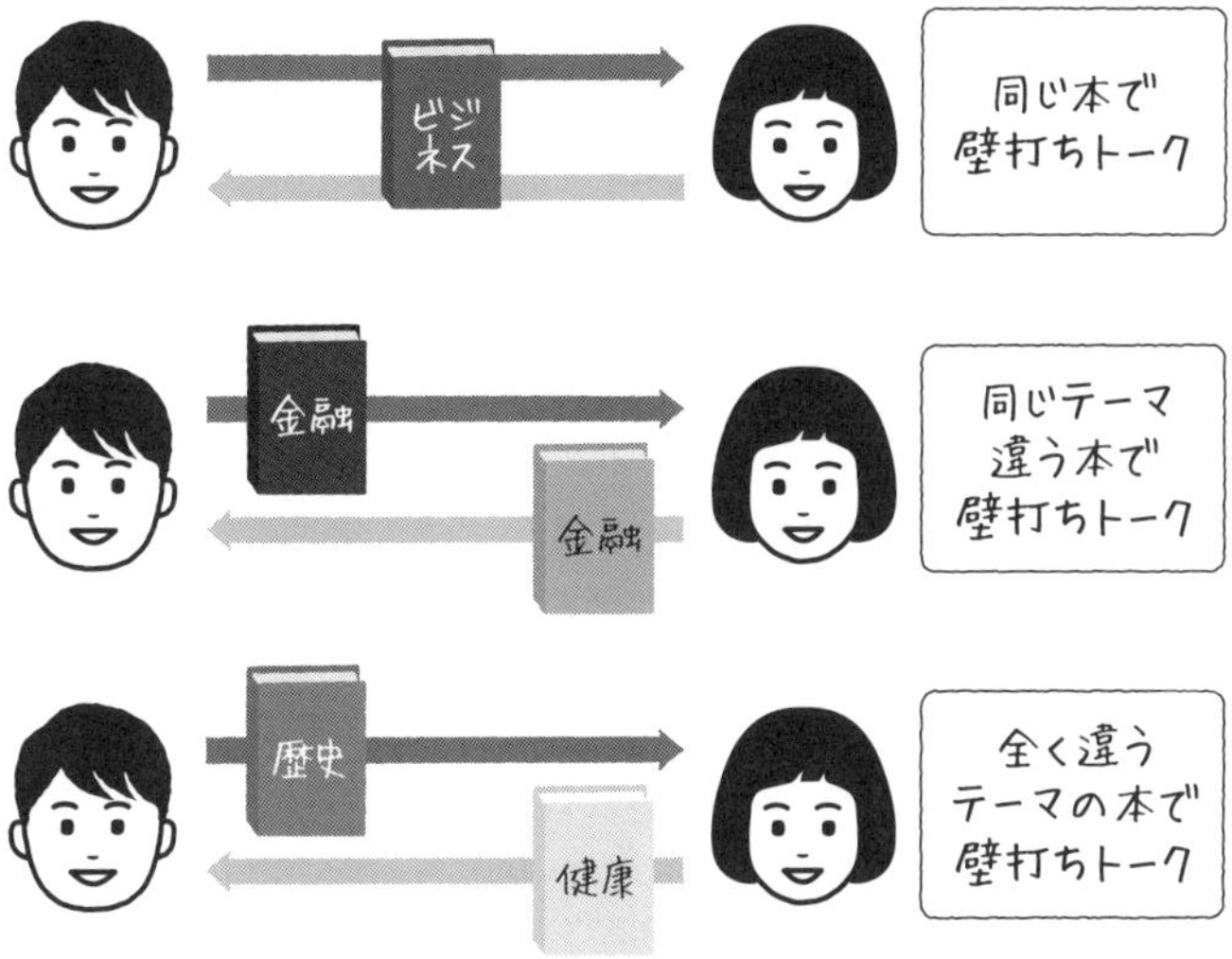


んだ本を教え合いながらコミュニケーションをとるわけです。慣れないうちは、気心の知れた友人やパートナーの方など、なるべく緊張感のない相手を選ぶとよいでしょう。

　分かりやすく相手に「発信」するポイントは、自分がA4用紙に書いた内容を思い浮かべ、〝構造〟を壊さずに話すことです。どんなに話すことが苦手な人であっても、OUTPUTする内容が構造化されていれば、その情報は相手に伝わります。

　慣れないうちはA4のメモを見ながらでも構いません。その際には、相手から自由に質問を投げてもらうとよいでしょう。そうすることで、ただ本から得た情報を暗記しているだけなのか、それとも本当に自分の頭で理解しているのかが自覚できますし、より思考を深めるトレーニングにもなります。

また、この壁打ちトークはさまざまな工夫ができます。互いに同じ本を読んでみたり、同じテーマの違う本を読んでみたり、全く異なるジャンルの本を読んでみたり、創意工夫をすることで、相互連携しながら思考や知的好奇心を刺激し合うことができます。

ただ、１人でＯＵＴＰＵＴした方が手軽だし、長続きしそうだという方も多いと思います。その場合は、Ａ４用紙にまとめた内容をもとに自問自答したり、生徒がいることを想像しながら〝エア授業〟をしたりするのもお勧めです。

発信方法に正解はありませんから、ご自身が無理なく継続できそうなものが見つかるまで、失敗を恐れず、ぜひ多様なＯＵＴＰＵＴにチャレンジしてみてください。

# 読書会で新たな視座を獲得する

　本で学んだ内容の「出力」にあたって、〝読書コミュニティ〟を利用するのも有効な手段のひとつです。全国にはさまざまな読書会があります。互いに読んだ本の感想を伝えあったり、お勧め本を紹介し合ったり、決められた課題本についてディスカッションしたりと、実に多様な読書イベントが、オンラインでもオフラインでも行われています。例えば、「猫町倶楽部」をご存じでしょうか？　この読書クラブは、東京、名古屋、大阪といった全国５都市で年に約２００回の読書会を開かれる、日本最大級の読書コミュニティとして大変有名です。ビジネス書、文学、芸術、哲学といった、ジャンルごとの分科会も豊富にあり、自分の興味に合わせて自由に参加できます。

　また２０２０年６月からは、ＺＯＯＭを使ったオンライン読書会「猫町オンライン」もスタートし、どの地域からでも自由にアクセスできるようになりました。参加条件は、事前に課題本を読むだけという非常にシンプルなルールとなっており、老若男女、誰でも「本」という共通点から気軽に〝つながり〟をもつことができるのです。

もちろん、こういったコミュニティ利用に抵抗感のある方は、無理をして参加する必要はないと思います。ただ、普段の生活で全くかかわりのない人と、同じ本を読み、感想をぶつけ合う体験は、他では味わえない良質なＯＵＴＰＵＴトレーニングとなることは間違いありません。また、課題本を与えられることで、これまで全く読む機会がなかったジャンルの本にも興味が湧き、世界が一気に広がる可能性もあります。

さらに自分と違った物の見方をする人のＯＵＴＰＵＴを聞くことは、新たな視点、視座の獲得につながりますし、ひとりで読書するよりも、遥かに深いレベルで本の内容を理解することができます。もし、自分ひとりで黙々とＯＵＴＰＵＴすることや、知り合いにＯＵＴＰＵＴすることにマンネリ感が出てきてしまったら、読書コミュニティを利用し、自分に刺激を与えてみてはいかがでしょうか？

# 「世界」を広げるためのプラットフォーム

ネット上にいる不特定多数の人にシェアする。これもまた、「発信」の定番と言えます。今の時代はスマホひとつで、世界全体にＯＵＴＰＵＴできる時代ですから、抵抗感のない人は積極的に利用していきましょう。それによって、自分のＯＵＴＰＵＴに対して反応がもらえたり、意見交換したりと、世界が広がっていく楽しさを手軽に享受できるはずです。

ただ、実際に読書で学んだことを、ネット上で発信したことがないという方も多いと思いますので、簡単に発信のコツを紹介しておきます。

最初にすることは、出力パターンの見極めです。「話す」「書く」「描く」。この３つの中から、あなたにとって最適なパターンを選択します。できればご自身の直感で選んでいただきたいのですが、難しい方は下記の基準を参考に優先順位を付けていただき、最

## 3-7　発信のコツ

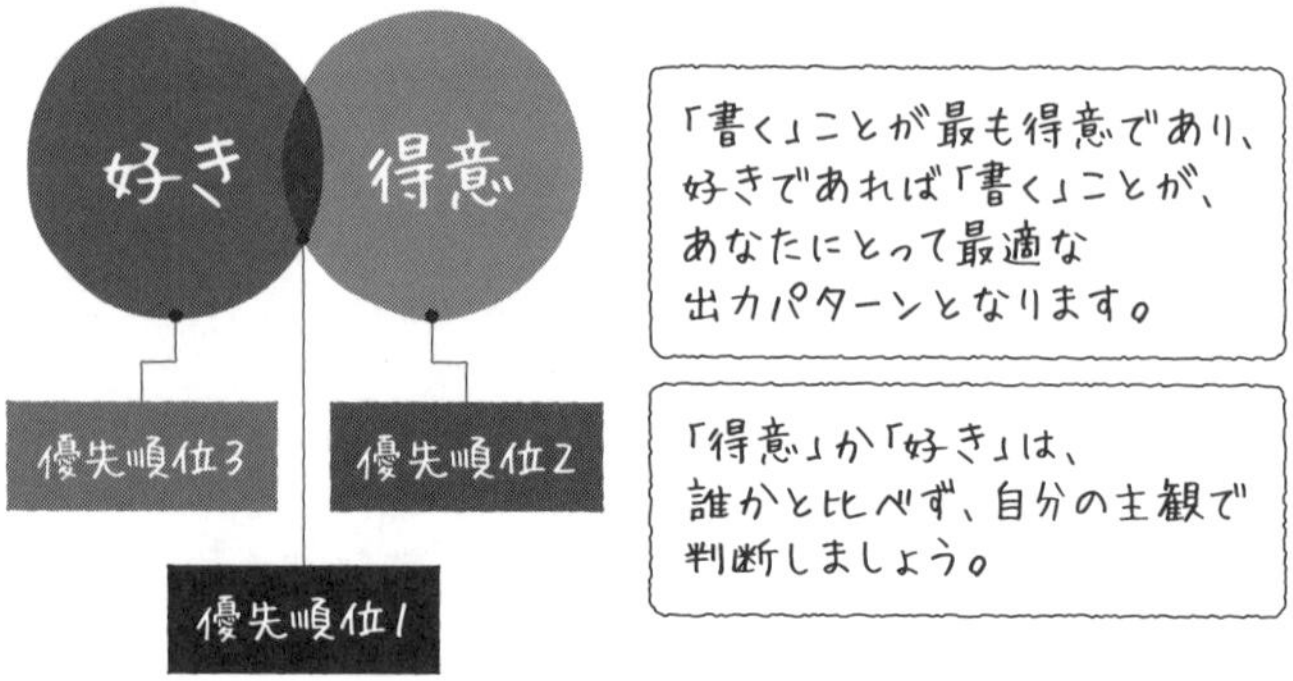


適な出力パターンを選択してみてください。

優先順位1：あなたが「得意かつ好き」な出力パターン
優先順位2：あなたが「得意」な出力パターン
優先順位3：あなたが「好き」な出力パターン

続いては、その出力パターンをもとに、数あるプラットフォームの中から、自分のホーム（場所）を見極める作業を行います。つまり、自分の得意な球種（話す・書く・描く）を選択したら、

## 3-8　プラットフォームの選択

〈イメージ〉

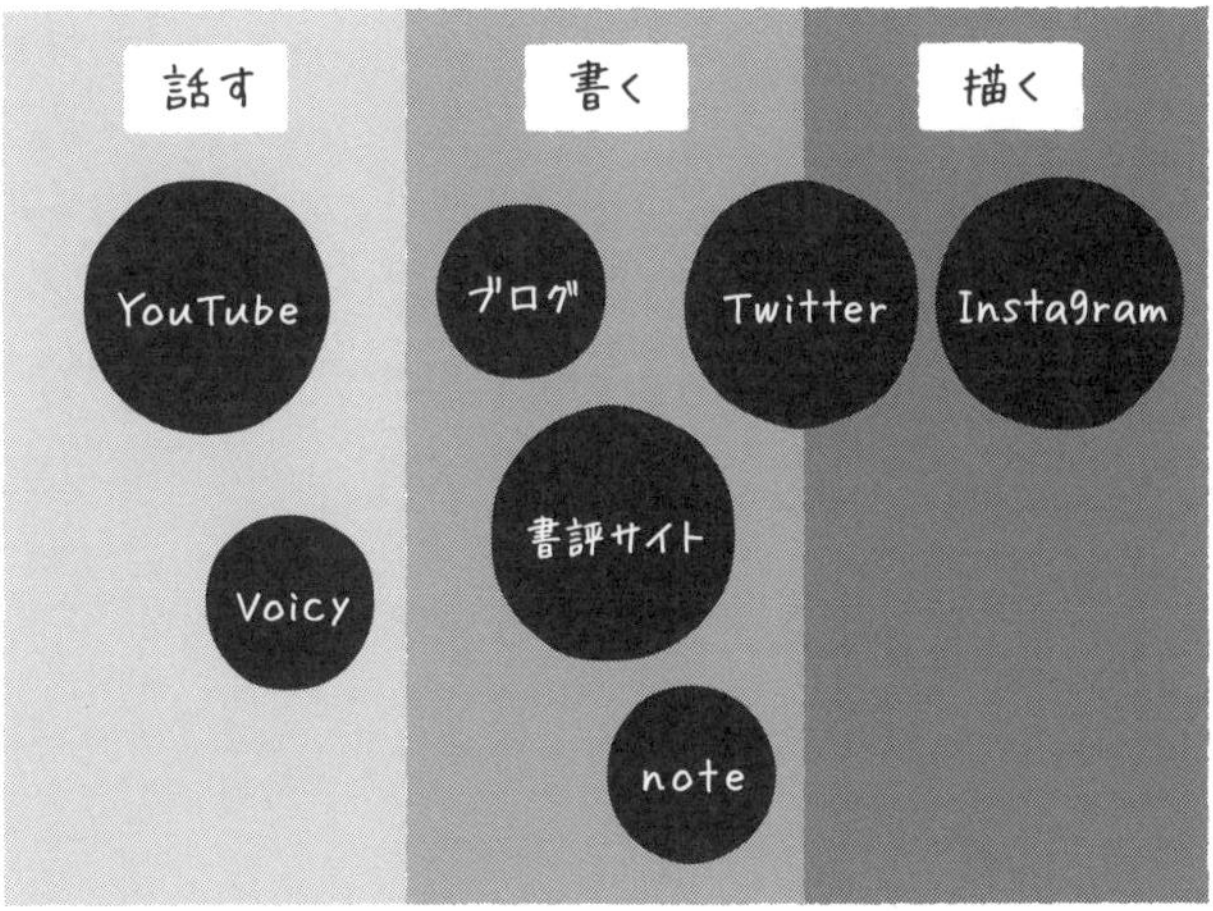


得意なホーム（場所）で全力投球するわけです。

　例えば、書くことが得意な人であれば、読書の要約を休日にブログで発信したり、移動時間にサクッとツイッターで呟いたり、書評サイトに投稿したりする。話すことが得意な人は読んだ本の感想などをユーチューブで熱く語ってみる。描くことが得意な人は、本の内容を分かりやすく図解したり、オリジナルの4コマ漫画にしたりして、インスタグラムやツイッターに上げてみる。

　このように、自分に合った「出力パ

ターン」と、その力量が十分に発揮される「ホーム」の掛け算をつくる。それが、ネット上で「発信」するうえでのコツになります。中には、いろいろなプラットフォームを複数掛け持ちして、ＯＵＴＰＵＴできる器用な方もいますが、慣れないうちはひとつに絞り、自分が楽しめる範囲で試してみてください。

ただ、ネット上での発信は、使い方を誤ると、自己肯定感が低下したり、気持ちが不安定になるので、その点には十分注意しましょう。

「発信したけど全然〝いいね〟がつかない」
「コメントや反応が気になって落ち着かない」
「他の人の投稿内容が気になって仕方がない」

実際にＳＮＳ利用者の多くが、こういった症状に苦しんでいると言います。

そうならないための心がけとして大切なのは、〝ゆるくやること〟です。言い換えるならば、自分が楽しければそれでいいじゃないかと、あくまで〝自分との対話を重視し、自分の気持ちに素直になること〟が長く楽しく発信し続ける秘訣なのです。
「OUTPUT読書術を学び、ようやく読書が楽しくなってきました。でも、最後の『発信』のステップで自信がなくなり、読書自体がつらくなってしまいました」

こうなってしまえば、元も子もありませんし、著者としてこれほど悲しいことはありません。

そんな時は、第2章でお話ししたOUTPUT読書術の大原則に立ち返ってみてください。覚えていますか？ 「自分のペースを崩さないこと」、それが大原則でした。

そのためには、他者と比較せず、他者からの承認を求めないことが重要であるとお伝えしました。このような心構えが、どんな時でも大切なのです。

ただ、あなたにとって、最も読書を長く楽しく続けられる方法は、結局のところ〝あなたの中〟にしか存在せず、本書はそれを映し出すための鏡でしかありません。最低限押さえていただきたい基本の型は全てお伝えしました。必要に応じて参考にしていただきながら、あなただけのOUTPUT読書術を見つけてほしいと思います。

Column 2

## Another Side Of
# Karl Marx

カール・マルクスは、19世紀に活躍したドイツの哲学者、経済学者です。彼は、自身の代表作である『資本論』において、資本主義の限界について指摘しました。この本に影響を受け、世界各国で共産主義運動が起こり、中国やソ連といった国が誕生したことは大変有名です。『資本論』は刊行から現在に至るまで、何百年と批判を浴び続けてきました。しかし、リーマンショックやコロナショックのように、資本主義に陰りが見え始めてくると、世間では必ずといっていいほど、マルクスの名前が登場し、『資本論』を再読する動きが活発になるのです。それは本書が、資本主義を根本から見直すためのテキストとして最適だからでしょう。非常に難解で知られる作品ですが、本書から入ってみましょう。

［マルクスのお勧め本］

**マルクス本人が編集を行った!**

**『マルクス自身の手による資本論入門』**

# 第 4 章

# 絶対
# 失敗しない
# 選書の方法論

# 世界一の投資家から「選書」を学ぶ

ここまで〝読書術〟を中心にお話をしてきましたが、この章では〝選書術〟がテーマとなります。せっかくＯＵＴＰＵＴ読書術を実践するからには、「読んでよかった！」と思えるような良書を選びたいものです。そこで今から、誰でも取り入れられるようなシンプルな選書方法を２つ紹介いたします。

まずひとつが、自分の目的を最優先する**〝投資家的選書〟**。

そしてもうひとつが、自分の知的好奇心を最優先とする**〝直感的選書〟**です。

これらは〝必ずどちらかの方法を選ぶ〟というものではありません。個々人の状況や好みによって使い分けるものになります。

ただ、ＯＵＴＰＵＴ読書術は、自分の〝目的〟を最優先にしたメソッドであるため、〝投資家的選書〟に軸足を置いてお話をしていきたいと思います。

世界一の投資家として知られるウォーレン・バフェットは、事業へ投資する際、３つのことを心がけていると言います。第一に、シンプルで理解できる事業であること。第二に、安定した事業実績があること。第三に、長期的に明るい見通しがあることです。そして、これからお伝えする〝投資家的選書〟の基本的な態度は、まさにバフェット氏の事業投資における考え方と同じものになります。つまり、分かりやすく整理するとこうなります。

・自分が理解できるレベルの内容であること
・信頼性が高いと判断できる根拠があること
・経年的に価値が下がりにくい内容であること

この３つのフィルターを通すと、「なんでこんな本を買ってしまったのだ」と後悔する可能性は低くなるはずです。もし、３条件を全て満たした〝３つ星〟本を見つけることが難しいのであれば、少なくとも１つ星以上の本を買うようにしましょう。

そしてもうひとつ押さえておきたいのが、何度もお伝えしているように自分の〝目的〟

です。そこを忘れてしまいますと自己投資になりませんから、「なぜ私は今この本を買う必要があるのか？」と購入理由に説明がつくとよいでしょう。

逆に「よく売れているから買う」「とても有名だから買う」「誰かに勧められたから買う」といった、他者に決定権を委ねるような選書は投資家的ではないと言えます。

万が一、自分のイメージ通りの情報が得られなかった場合のショックも大きく、自分に必要な本を見極める選球眼も磨かれません。人の意見や、時流に流されるのではなく、自分と対話をし、自分が決定する。知の資産形成は、そのような徹底した自己決定によってなされるべきものなのです。

## 選書は自分を知ることから

それでは、以上の点を踏まえて、具体的に投資家的選書を実践するための３ステップ

## 4-1　投資家的選書の3ステップ

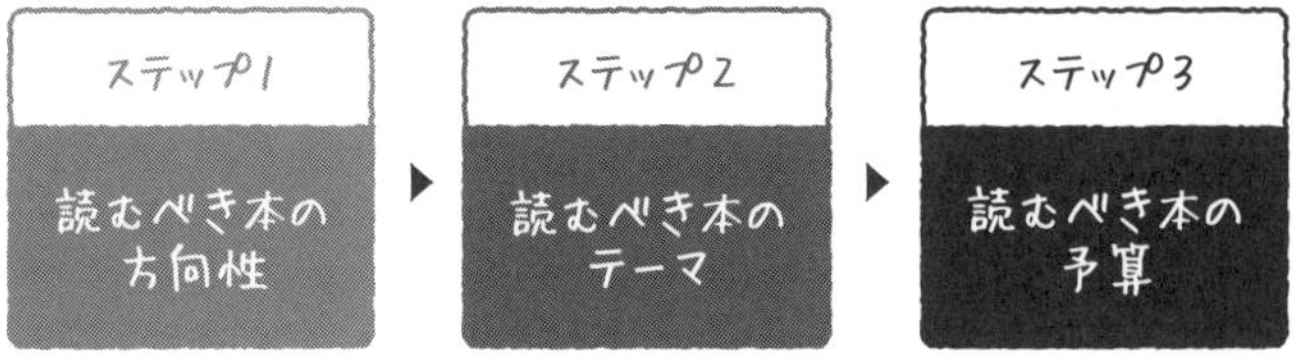


を紹介します。

　ステップ１が「**読むべき本の方向性**」を決める。ステップ２が「**読むべき本のテーマ**」を決める。ステップ３が「**読むべき本の予算**」を決める。このように、投資家的選書は３つの〝自己決定〟によって成り立っています。実際にやってみると分かりますが、全く難しくありませんので、安心して読み進めてみてください。

　まず、ステップ１「**読むべき本の方向性**」の決定についてですが、これは要するに、どんなジャンルを読むべきかを決めることを意味しています。

株式投資でたとえるならば、どの会社に投資するかではなく、どの業界に投資すべきかを決定するようなイメージです。ここを間違えてしまうと、どれだけ良書を手にしたとしても、自分の目的に辿り着けない可能性があるのでご注意ください。

それを防ぐために〝2つの作業〟を、選書の前に行っておく必要があります。紙とペンさえあれば簡単にできますので、一緒にやっていきましょう。

**①自分の本心を紙に書き出す**

まず、あなたが今悩んでいること、困っていること、すぐにでも解決したいことを想像してみましょう。そして、思い付いたものから順にメモ用紙にそれらを書き並べてみてください。

（例）

・誰かの役に立っているという実感がない
・サラリーマンのまま一生食べていけるのか不安だ
・老後の暮らしが心配だ

・会社の同期と比べては自信を失っている
・嫌われるのが怖い
・飲み会に行きたくない
・上司の顔を見たくない
・生きている価値を見出せない

ちなみにここに書き連ねているのは、私が入社3年目の時に悩んでいたことの一部です。ネガティブ要素ばかりで、お恥ずかしいかぎりですが、こういったことがとくにない方は、自分の成し遂げたいことなどを、同じように書き上げてみましょう。文章が整っていなくても、内容が重複しても問題ありません。深く考え込まず、思いを吐き出すように書いていきましょう。

### ②グルーピングして方向性を導き出す

ひと通り書き終わったら、ご自身の紙をじっくり眺めてみてください。おそらく「仕事のことばっかりだな」「お金のことしか書いてない」など、〝自分の傾向〟が見えてきませんか？　そうしたら、次にやる作業は〝グルーピング〟です。つまり、似たようなものをカテゴリー分けしていきます。例えば、私の入社3年目の時の悩みリストをグルーピングしていくと次のようになります。

**【グループA】**

・誰かの役に立っているという実感がない（**自己肯定感**）
・会社の同期と比べては自信を失っている（**自己肯定感**）
・嫌われるのが怖い（**自己肯定感**）
・生きている価値を見出せない（**自己肯定感**）

**【グループB】**

・サラリーマンのまま一生食べていけるのか不安だ（**お金**）
・老後の暮らしが心配だ（**お金**）

## 4-2　読むべき本の方向性

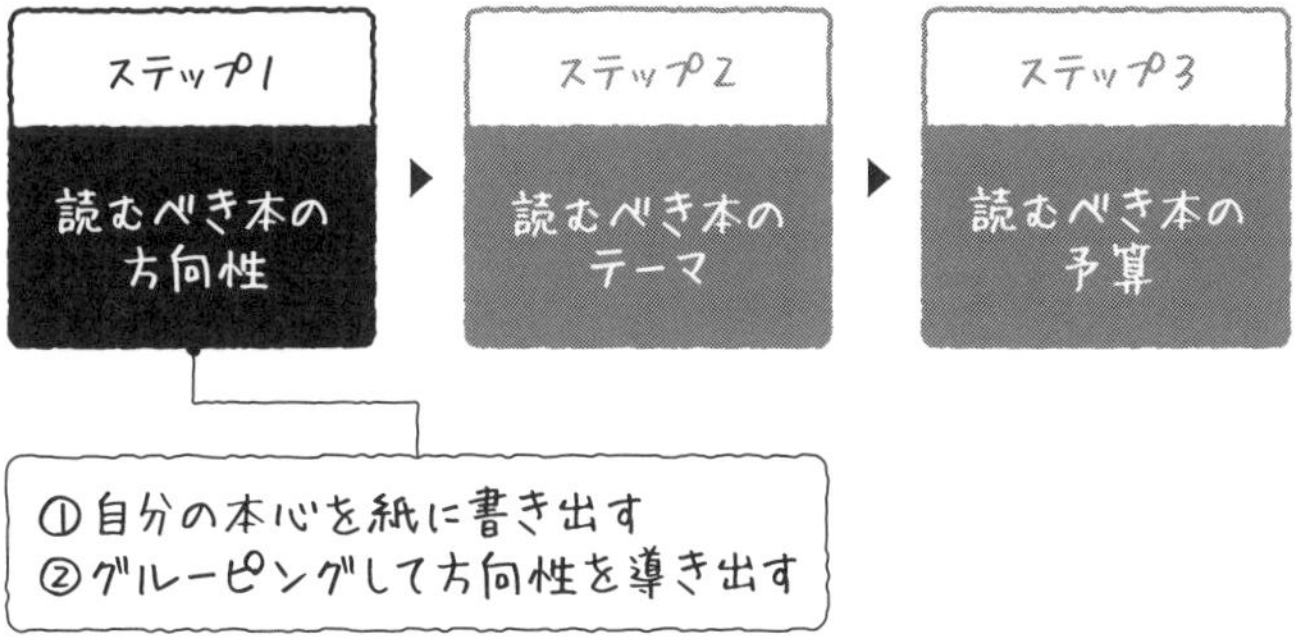


**【グループC】**
・飲み会に行きたくない（**人間関係**）
・上司の顔を見たくない（**人間関係**）

たくさんの悩みがありましたが、整理すると「自己肯定感」「お金」「人間関係」という3つのグループができ上がりました。これこそが自分にとって今すぐにでも解決したい重要事項であり、〝読むべき本の方向性〟となるわけです。

# 「読むべき本」の予算を決める

読むべき本の方向性が決まったら、次はステップ2「**読むべき本のテーマ**」を決める段階に移りましょう。やるべきことは至ってシンプルで、先程のグルーピングの中で、あなたが最も優先順位が高いと判断するものを1つだけ選択してみてください。それが、あなたの「読むべき本のテーマ」となります。

例えば、「自己肯定感」「お金」「人間関係」という3つのグループの中で、〝人間関係〟が最も優先順位が高いと判断されれば、人間関係をテーマとした本の購入を検討すればいいわけです。

〝3つのテーマの本を全て買う〟という選択肢もありますが、あまりお勧めはしません。と言いますのも、自分にとって一番大事な問題を解決すると、その他の問題も連鎖的に解決することがあるからです。

例えば、〝人間関係〟に関する悩みが解消されたことで、仕事に注力できるようになり、

## 4-3　読むべき本のテーマ

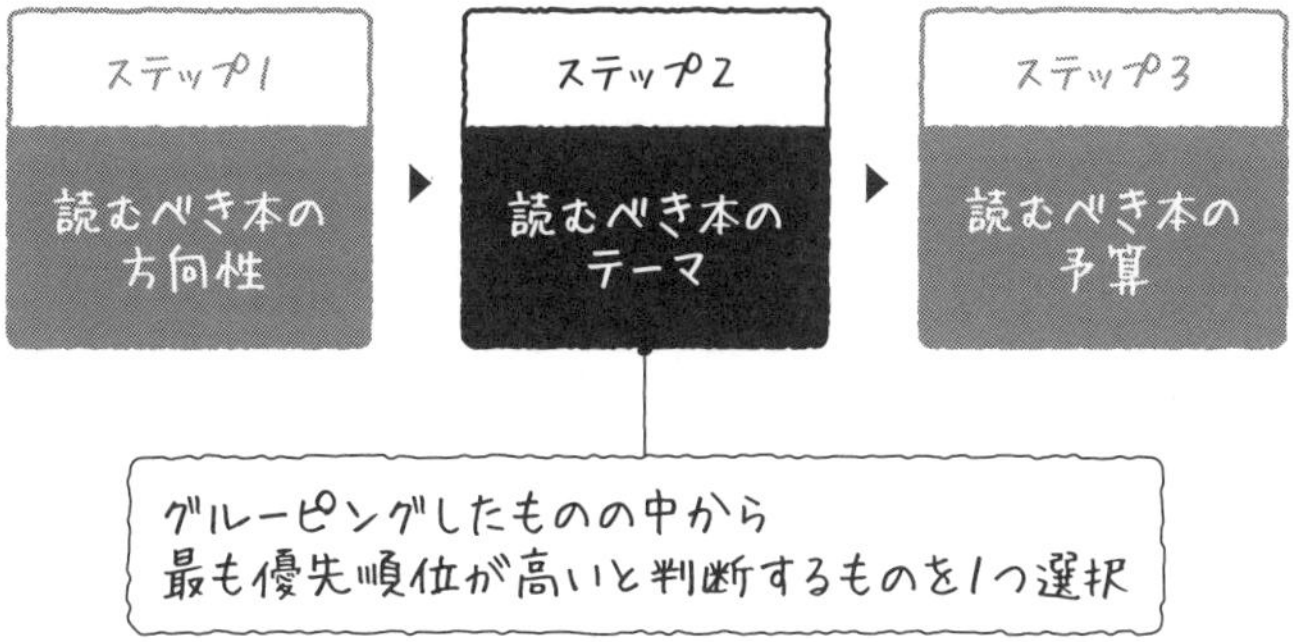


漠然とした将来に対する不安が消え、本来の自分を取り戻した。こういったケースは決して珍しくないのです。ですから、全てを一気に解決しようとするのではなく、まずは自分にとっての最優先事項に絞ったテーマ選びをしていきましょう。

そしてテーマが定まったら、ステップ3として「**テーマに対する予算**」を決めていきます。つまり、そのテーマに対する書籍投資として最大いくらまで拠出できるのか〝限度額〟を設定するわけです。例えば、〝人間関係〟を読むべきテーマとして設定し、「5千

## 4-4　読むべき本の予算

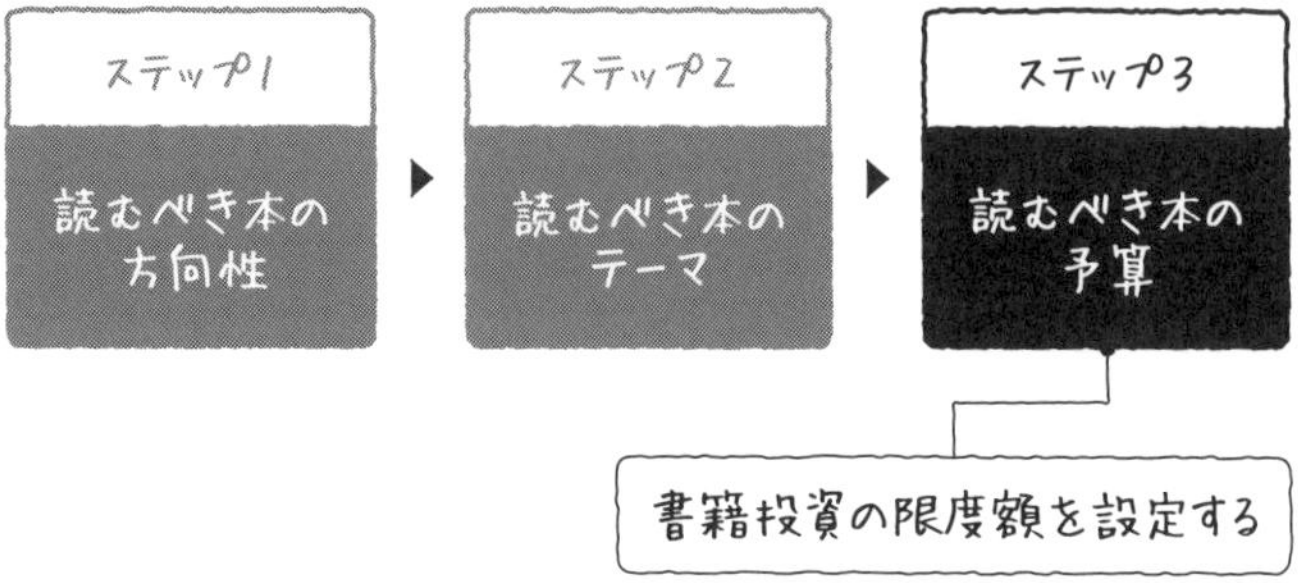


円までだったら出せるかな」と思えば、5千円があなたの予算となるわけです。

投資家的選書は、あくまで投資であり、明確な〝目的〟を決め、その達成を第一とする方法論です。仮に5千円分の書籍投資を行い、人間関係の悩みを解消すると決めたのであれば、その範囲内でベストな選択をすればいいのです。

ただ、書店に行けば分かると思いますが、同じテーマの本が何十種類もありますと、どれを買うべきか悩んでしまいます。こういった場合には、本章の冒頭で触れたことを思い出してください。

・自分が理解できるレベルの内容であること
・信頼性が高いと判断できる根拠があること
・経年的に価値が下がりにくい内容であること

この3つのフィルターを通して判断するとよいでしょう。ただ、「それでも選びきれない！」という方のために、投資家的選書の合わせ技として〝リスク分散型購入〟という手法をご紹介いたします。

# リスク分散型購入

リスク分散型購入とは、「リスク分散させながら一括購入する手法」のことです。ふだんから本のまとめ買いをする方や、どうしても今の状況を脱したい思いが強い方は参考にしてみてください。イメージしていただきやすいように具体例を挙げて説明していきます。

### 〝コミュ力〟の低さに長年悩まされている会社員Ａさんの事例

金曜日の夜、帰りの電車に揺られながらＡさんは、ふと思いました。

『久々の４連休だ。けど……何もすることがないな。そうだ。ボーナスも入ったし、本のまとめ買いでもして帰ろう。１カ月前に読んだＯＵＴＰＵＴ読書術で、自分のテーマはやっぱり〝コミュ力〟だと確信したし、投資限度額は１万円と設定済みだ。よし、決めた。１万円分思い切ってまとめ買いしよう！』そう考えてＡさんは、ワクワクしな

## 4-5　本を買う前に……

大雑把すぎる考え方

がら大型書店に向かいました。

さて、ここで質問です。このAさんの行動力は大変素晴らしいですが、どこか違和感がないでしょうか？　おそらくAさんは〝投資家的〟な選書を試みようとしているのでしょう。ですが、どちらかというと行動が投資家的ではない印象を受けます。

では、この違和感の正体とは何でしょう？　それは、1万円分も本に投資しているにもかかわらず、自分が抱えているリスクに対して目を向けていないことです。

「せっかく1万円もかけてまとめ買い

したのに、コミュ力の向上という目的を果たせなかった……」

これがAさんにとってのワーストシナリオです。その結果、さらに自信がなくなり、余計に人との会話を避けるようになってしまうかもしれません。ですからAさんの事例は、投資というよりギャンブルに近い行為と言えるでしょう。

投資するからには、目的をもったうえで、さらに自分でリスクを分散し、コントロールする必要があります。つまり、自分にとって〝最適な本の組み合わせ（購入パッケージ）〟をつくり、目的に合った良書と出会う確率を上げ、そうでない本と出会う確率を下げればいいわけです。

このように安全なポートフォリオを組み、リスクを分散させながら一括購入する方法がリスク分散型購入なのです。そこで今から、リスク分散型購入のパッケージに組み込むべき定番5作品についてお伝えします。

### ①第一人者の代表作

自分が読むべきテーマを明らかにしたら、そのテーマの「第一人者」の代表作は、確実に組み込むようにしましょう。なぜなら信頼性が高く、経年的に価値が下がりにくいからです。〝コミュニケーション〟がテーマなら、そのテーマを長年研究をしている権威的な人物は誰なのか。コミュニケーションの達人として最も成功している人物は誰なのか。本を出版しているなら、その代表作は何なのか。こういった情報を購入前に調べておくのです。

できれば、国内だけでなく、海外も視野に入れて、幅広く調査していきましょう。その結果、複数の人物がヒットすることが予想されますが、情報が偏らないように、ひとりの著者だけでなく複数の著者の作品をバランスよく組み込むとよいでしょう。

**②分かりやすい本**

どんなに素晴らしいことが書いてあっても、自分が理解でき、なおかつ、実践できなければ意味がありません。ですから、そのテーマについてあなたが直感的に「これは分かりやすい！」と感じた作品は、購入ラインナップに組み込んでおくことをお勧めします。最近では、難解な書籍の漫画版やダイジェスト版など、分かりやすいコンテンツが豊富にありますから、積極的に利用するとよいでしょう。

### ③ベストセラー本

〝最も売れている〟という実績が、その本の信頼性を担保するものではありませんが、売れているからには、それなりの理由があるものです。自分にとって大切なテーマにかかわるベストセラー作品であるならば、何かしらの気付きや、学びが得られるはずです。

### ④古典的名作

新しいテーマを学ぶうえで大切なことは、その分野の原理原則を知ることです。そのための王道的なアプローチは、自分が追及しているテーマに関する古典的名著に触れることです。もちろん、全てのテーマに古典的な名作が存在しているわけではありませんが、もしあるならば、確実にチェックしておきたいものです。

### ⑤最新作

情報は常に更新されますから、自分が解決したいテーマに関する最新の著作も必要に応じてラインナップに加えておきましょう。ただ、本という媒体はネットと比べると遥かに〝遅いメディア〟であるため、その情報の新規性に対する疑いの目を常にもち、

## 4-6　購入イメージ

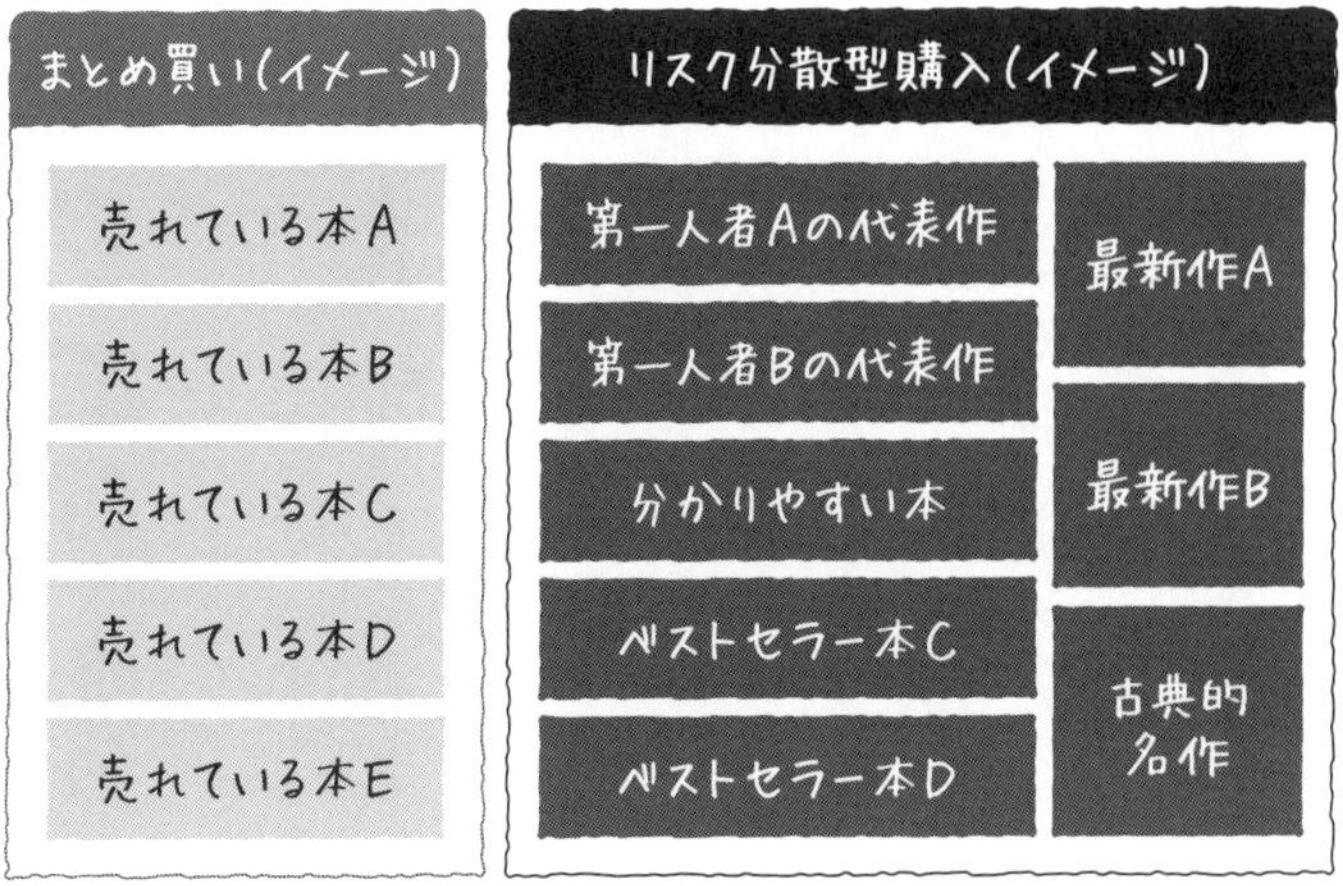


ネットなどの〝早いメディア〟と併用しながら付き合うべきでしょう。

以上、定番5作品を組み込むことを視野に入れたうえで、自分のテーマに合った本を一括購入していくわけです。中古品を組み込んだり、図書館などを利用したりすれば、投資金額も節約でき、さらにリスクを分散させることもできます。もちろん、この5作品を全て組み込まないといけないわけではありません。人それぞれに、投資限度額もポートフォリオの考え方も違いますから、ご自身に適したリスク分散型購入を考えるヒントにしてみてください。

# 自分の「直感」を鈍らせない技術

「幸福の秘訣は、こういうことだ。あなたの興味をできるかぎり幅広くせよ」

これは、イギリスの哲学者であるバートランド・ラッセルが『幸福論』で説いた言葉です。

たしかに〝自分の人生の目的を果たす〟ことだけを考えるのであれば、投資家的選書だけでもよいのかもしれません。しかし、そこだけに偏り過ぎては、〝目的の外にある世界の広がり〟に気付かず、その結果、幸福の秘訣である〝興味の幅〟が狭くなってしまう可能性があります。そういった視野狭窄を防ぐためにも、**投資家的選書と、知的好奇心にしたがった〝直感的選書〟とのバランス**は考えておきたいものです。

〝直感的選書〟とは、その名の通り、自分の直感を信じて行う選書方法です。ですから、漫画や小説などジャンルに制限を設けることなく「これは面白そうだ！」と感じた本については、失敗を恐れることなく、自分の直感を信じて、どんどんトライしてみてほしいと思います。

「いやいや、自分の直感なんて信頼できないよ……」という方は、購入前に「プロローグ（序章）」「目次」を熟読しましょう。この2点を入念にチェックすることで、自分の直感の精度を高めることができます。

まずプロローグ（はじめに・まえがき・序章など）を読んで確認していただきたいのは、作品のコンセプトです。つまり、この作品はどんな人に向けて、どんなメッセージを発信することを目的として書かれているのかを把握するのです。例えば、本書のプロローグでは、冒頭に次のように述べました。

「読書によって、人は自己肯定感を高め、人生を好転させることができる」

これが本書で最も伝えたいメッセージです。それを実現するために一番重要なアクションが、読んだ本を「ＯＵＴＰＵＴ」することであり、その方法論を詳細かつ具体的に示すことが本書の役割となります。

いかがでしょうか。つまりプロローグを読むことは、一言で言えば〝目線合わせ〟なのです。ですから、どれだけ著者が素晴らしいことを熱く語っていても、目線が合っていなければ、「私が聞きたいのは、そんな話じゃないんですけど……」となってしまうわけです。

また、プロローグには著者がどんな思いを作品に込めたのかといった〝その人らしさ〟を知ることができる貴重な情報源でもあります。とくに著者のことをよく知らない場合は、経歴だけでなく、プロローグに滲み出る〝その人らしさ〟を読み取り、自分との相性を感じ取ることも大切なことなのです。

そして、どんな本を買うにしても必ずチェックしておくべきは「目次」です。例えば、大切な人とデートで利用したいレストランを探す時、お店のＨＰや外装・内装だけで予約を決めないでしょう。少なくとも、料理の写真や、どんなメニューがあるかくらいは確認するはずです。それと同じように、本選びもメニュー確認は必須なのです。

自分がほしい情報はあるのか？　自分の知的好奇心を満足させてくれるようなテーマ

はあるのか？　そうやって自分の心の触覚を動かしながら、目次をじっくり読んでいくのです。

そのうえで、「この本は面白そうだ」と思えば、その直感はあなたにとって信頼に足るものと言えるでしょう。

## ブックメディアを有効活用する

自力で選書するのはしんどい。書店まで足を運び、内容を吟味している暇がない。そういった方は、本の要約サービスや、お勧め本紹介サイトを活用してみてはいかがでしょうか。最近では、このようなブックメディアを〝時短読書ツール〟として活用される方も増えてきているようですが、本との出会いを促進してくれる〝選書ツール〟として大変有効です。では、代表的なブックメディアを4つ紹介しましょう。

### ①flier（フライヤー）

flierは1冊10分で読める本の要約を提供してくれる時短読書サービスです。スマホひとつで手軽に本の要約を読めるだけでなく、音声機能で聞き流しもできるため、通勤の時間でも無駄なくＩＮＰＵＴが可能です。

flierの魅力は何と言っても要約の〝品質〟です。新刊からベストセラー作品まで、約２０００冊分の要約があるのですが、情報をまとめているのは、その分野に精通した専門家やプロのライターの方です。とくに高品質なサマリーに触れながら、自分に合った本を探したいというビジネスパーソンにお勧めしたいサービスです。

### ②BOOK-SMART（ブック・スマート）

こちらもflier同様、ビジネスパーソンをターゲットとした本の要約メディアです。毎月数多く出版される新刊ビジネス書の中から、プロがあらかじめ良書を厳選したうえで要約してくれることです。

他の要約サービスは料金プランが複数あるのに対し、BOOK-SMARTは１種類の年間契約のみというシンプルな料金設定で、さらに業界最安値（２０２０年10月現在）という強みがあります。読書の中心ジャンルがビジネス書であり、とにかく〝コスパ〟を重視したいという人は迷わずBOOK-SMARTでしょう。

### ③SERENDIP（セレンディップ）

SERENDIPは、個人のみならず法人にも顧客をもつ書籍ダイジェストサービスです。ビジネス、経済、テクノロジー、文化、政治など幅広い分野をカバーし、さらに翻訳出版されていない海外の作品まで日本語ダイジェストしてくれるなど、〝ジャンルの幅広さ〟が大きな魅力です。さらに、約１８００タイトル以上のバックナンバーも閲覧できるのもSERENDIPならではの嬉しいサービスです。

### ④HONZ（ホンズ）

本の要約メディアと併用すると便利なのが、お勧め本紹介サイトのHONZです。対象は小説、自己啓発、ＩＴ専門書を除くすべてのジャンルの新刊書（出版されてから３カ月以内）で、厳選されたHONZのレビュアーが、本の概要や感想などを丁寧に教えてくれます。サイエンス、歴史、社会、経済、医学、教育、美術、ビジネスといった、幅広い分野の最新書籍情報にアンテナを張っておきたい方は、定期的に確認しておくとよいでしょう。

## レコメンド機能で「選択」を絞る

「この商品を購入した人は、こんな商品にも興味をもっています」

「この記事を読んだ人はこんな記事も読んでいます」

ネットサーフィンしていますと、こういった〝お勧め情報〟をよく見かけると思います。これは、レコメンドエンジンと呼ばれる技術によるもので、ＡＩがユーザーの行動履歴を分析し、その人に適した情報や商品をレコメンド（お勧め）してくれているのです。このレコメンドエンジンは、２０１０年からアマゾンが導入して以来、現在多くのＥＣサイト、動画配信サイト、ニュースメディアなどが取り入れています。

おそらくアマゾンのレコメンド機能を利用されている方も多いと思いますが、これは「選書」をサポートしてくれるツールとしても使えます。リンクを辿れば、自分が興味を持っているテーマに関する本を芋づる式に紹介してくれるので、「選書」をするうえでとても便利です。もちろん購入の判断を委ねる道具としてではなく、当たりをつける道具として活用するのです。お勧めの使い方は、レコメンド機能とブックメディアとの併用です。

例えば、アマゾンでレコメンドされている本や、その関連書籍のリンクを手当たり次第に掘り下げ、気になる本があれば、主要ブックメディアで紹介されているかどうかの有無を確認するのです。もし紹介されていれば、その要約や概要を読み、取り扱われていないようであれば、ブログなどで紹介されていないかなど確認します。その結果、詳細を知りたいと思えば、その本を購入候補としてスマホなどにメモを残しておくのです。

もちろん、その逆パターンもあります。つまりブックメディアの中から面白そうな本を発見し次第、それをアマゾン検索して関連書籍をリサーチします。具体的には、〝よく一緒に購入されている商品〟と〝この商品をチェックした人はこんな商品もチェックしています〟という2点を確認していき、著者の代表作、最新作、それ以外の面白そうな作品の有無などを見て、気になったものは全てメモをするのです。

こういった作業をスキマ時間に行い、候補作品を事前に絞り込んだうえで、書店に行けば現物確認をするだけでいいので非常に効率的です。

情報量が爆発的に増えた今の時代、本当にほしい情報や商品を手に入れることは以前ほど容易ではありません。だからこそ、スキマ時間にブックメディアやレコメンド機能を活用し、日常的に〝選択肢を絞る作業〟をしておくことが大切なのです。

# 濫読するか、断読するか

選書の方法論も、いよいよ佳境に入ってきました。現時点で「これなら自分でもできそうだ」という方もいれば、「どちらの選書もできる自信がない」という方もいるのではないかと思います。

前者の方にとって、今からお話しするパートは不要である可能性が高いので、お急ぎのようであればスルーして、先にお進みください。そして、後者の方は、引き続きお付き合いいただければと思います。解決策を提示することなく、このまま置き去りにするつもりはありませんから、どうかご安心ください。

「読むべきテーマも見つからないし、自分で選書ができそうにない！」

こういった状況から脱するには、「本にまみれる」「本から離れる」という2つの方向いずれかに舵を切ることで、霧が晴れてくることがあります。

## 4-7　まみれるor離れる

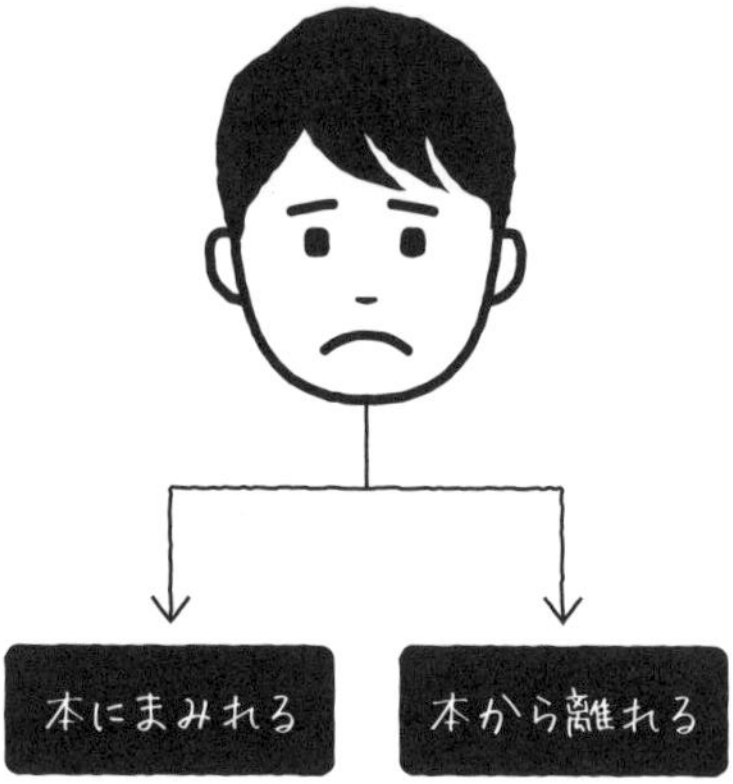


まず、〝本にまみれる〟というのは、一言で言えば「濫読《らんどく》」です。何を読むか、どんなジャンルを読むか、そういったことは一切考えず、売れている本から話題の本まで、片っ端から読んでいくのです。とくに〝情報の少なさ〟が根本的原因の場合には、「濫読」によって、大量の情報を浴び、その結果〝自分が猛烈に追いかけたくなるテーマ〟に出会えることがあります。

例えば、これまでの人生を振り返った時に、勉強や仕事など、とにかくひとつのことだけに集中して取り組んできた人で、なおかつ、自分が何をしたいのか見出せない状態にある人は、一度「濫読」を試してみる価値はあると思います。

ただし、これは時間がかかる力業です。しがたって、半年から1年というように、やり込む期間をあらかじめ決めておいた方がいいでしょう。

一方で、ふだんからスマホや本からたくさんの情報を仕入れているにもかかわらず、自分が何をしたいのか方向性を見出せず、どんな本を読めばいいのか分からないという方もいるのではないでしょうか。

このケースは、思い切って〝本から離れる〟、つまり「**断読**《だんどく》」するのも有効な選択肢のひとつです。先ほどの〝本にまみれる〟とは真逆のアプローチになります。

具体的には、本を含めたあらゆるメディアからの情報流入を遮断し、ふだん生活している〝日常〟に意識を向け〝観察〟するのです。

いつも出入りしているコンビニ、いつも見ている街並み、いつも会っている家族や友人の表情、いつも通っている並木道。じっくりと観察してみてください。きっと、いつも通りのものなど何ひとつないことに気付くと思います。コンビニの商品も、街の建物や広告も、いつも会っている友人の感情も、木々に生い茂る葉の数も色も、常に一定ではないのです。こういった小さな変化に目を向け続けていると、少しずつ〝違和感センサー〟が働くようになってきます。

例えば「最近コンビニに置かれている本って、歴史物が多いのはなぜだろう。それに雑誌の特集も同じようなテーマばかりだ」「若者の街っていうけど、思ったほど出歩いている若者がいないじゃないか」「今年に入ってからAさん、笑顔が少なくなった気がする。何か悩みを抱えているのでは？」といったように、小さな変化に気付くようになってくるのです。

こういった習慣を続けていくと、世の中にはとてつもない量の〝改善点〟があることが分かってきます。その中には、自分ひとりの力ではどうしようもない複雑な社会問題もあるでしょう。しかしその一方で、あなたの何気ない言葉や行動次第で、解決できたり、誰かを笑顔にできたり、喜んでもらえる何かが、きっとあるはずです。もしそれを見つけたら放置してはいけません。なぜなら、それらはあなたにとって大切なテーマの種だからです。

スマホからの情報に溺れ、日々の喧騒の中に包まれてばかりいると、日常から人生のヒントを得るセンサーは鈍ってしまうものです。ですから、「メディアからの情報収集は十分行っている。しかし、心から読みたいと思える本や、テーマが見つからない」という人は、誰のフィルターも通さず、ただ純粋に自分の足で歩き、自分の目で身の回りの世界をじっくり眺めてみましょう。そのうえで、小さな変化に着目し、改善点を見出し「今の自分にできること」を考えるのです。

本を読まなくても日常にさしつかえることはありませんから、あなたのペースを何より大切にしてください。大丈夫です。焦る必要など一切ないのです。ゆとりをもって日常を観察し、その結果、視界が開けたのであれば、その時また本書に戻ってきてほしいと思います。

# 即効性の罠

投資家的選書と直感的選書という2種類の選書法をお伝えさせていただきましたが、〝共通の注意事項〟が1点あります。

それは〝即効性に期待しない〟という点です。これは本に限らず、あらゆる商品や情報媒体に言えることです。

かつてドイツの哲学者、ショーペンハウアーは「読書に際しての心がけとしては、読まずにすます技術が非常に重要である」と説きました。何を読むかを決めることも大切ですが、それ以前に、**何を読まないか**を見極めることも重要なことなのです。

私個人としては、できるだけ先入観をもたず、しっかりと中身に目を通して購入の判断を行うように心がけていますが、〝即効性〟を前面に押し出している本を読む際は、警戒心を解かないよう注意しています。

「一気に解決する」「あっと言う間に身に付く」「○○力が一瞬で高まる」。たしかにこういった言葉があると、つい手にとってしまいたくなります。なぜなら、誰もが1秒でも早く問題を解決し、悩みを解消したいからです。

しかし実際に購入してみると、特別な条件が付いていたり、効果が一瞬だけだったり、古くて間違った情報だったりするケースが少なくありません。

もちろん、興味を引き、手にとってもらわないと商売は成り立ちませんから、〝即効性〟を謳う情報媒体の全てがダメだとは思いません。またジャンルによっては本当に一瞬で解決できるテクニックがそこに書かれているのかもしれません。

ですが、あなたの悩みを一瞬で解決してくれる素晴らしい方法が仮にあるとすれば、その情報はたちまちネットで拡散され、あなたの抱える悩み自体がこの世界から消滅していることでしょう。

第1章でもお伝えしたように、読書は食事に近い行為です。〝1回の食事〟で急に健康になったり、急に足が速くなったりすることを誰も期待しないように、〝1回の読書〟に対して即効性を期待するべきではないのです。

# 古典にハズレなし

どんな選書をするにしても、唯一ハズレを引く可能性がないもの、それが〝古典〟です。もしかしたら〝古典〟と聞いただけで「難しそう……」と一歩引いてしまった方もいるかもしれませんが、古典が与えてくれる恩恵は計り知れないものがあります。では古典を読むと、一体どんないいことがあるのでしょうか？　私は大きく3つあると考えています。

まず1つ目が、「**古今東西変わらない普遍的な知恵を学べる**」という点です。

通常、本というのは時代の流れとともに読まれなくなるものです。なぜなら情報が古くなり、次第に参考にならなくなるからです。しかし、数百年、数千年と歴史の風雪に耐え、読み継がれてきた古典は違います。どれだけ時代が移り変わっても、経年的に価値が落ちないのです。

例えば、世界最高の戦略書と呼ばれる『孫子』。この本は、マイクロソフトを創業したビル・ゲイツをはじめ、多くの名経営者の愛読書となっています。古典で得られる知恵は、現代の仕事や私生活にも十分応用が効く普遍的なものであり、一生役に立つ永久資産なのです。

そして2つ目が、**「偉大な賢者から力を借りることができる」**ということです。

誰しも生きていれば、耐えがたい苦難に見舞われることがあるでしょう。そんな時に古典を読むと、賢者の力強い言葉によって、窮地を救われることがあります。

例えば、ローマ皇帝のマルクス・アウレリウスという人物をご存じでしょうか。彼はローマが最も栄えた時期である五賢帝時代（96年〜１８０年）の最後の皇帝で、軍事よりも哲学を愛した〝哲人皇帝〟として知られています。

絵本の世界では、王様は自由気ままに楽しい暮らしをしているイメージがあります。ところが、現実はそうではありません。一国のトップであるローマ皇帝の公務は、とにかく多忙であり、大好きな〝哲学の時間〟など、ほとんどとれないのが実情なのです。

アウレリウスだって人間ですから、プレッシャーもありますし、ストレスもあります。そして、私たちと同じように自由な時間だってほしいわけです。

しかし、それが一切叶わない立場に彼はいました。皇帝という立場上、つらいからという理由で辞めるわけにもいきません。そこでアウレリウスが何に救いを求めたかというと、やはり〝哲学〟でした。スキマ時間を見つけては自らの思索をノートに書き綴り、自分自身の精神を必死に支えていたのです。そのノートは『自省録』と呼ばれ、誕生から2千年経った今でも世界中で読み継がれています。大統領や著名なスポーツ選手が座右の書として、よく『自省録』を挙げるのは、この古典が〝逃げられぬ運命に立ち向かう力〟を与えてくれるからに他ならないのです。

3つ目が、**「究極の感性と思考に触れることができる」**という点です。

「古典」というのは、ある特定の分野において突出した才能をもった人物の作品です。したがって、「古典」を読むことで、そういった偉人たちの究極の思考や研ぎ澄まされた感性の一端を知ることができます。

例えば、〝我思う、ゆえに我あり〟という言葉で有名なフランスの哲学者デカルト。彼の代表作『方法序説』を読めば、〝疑うこと〟を極限まで突き詰めた人間の思考を辿ることができます。また、シェイクスピアの代表的戯曲である四大悲劇『マクベス』『ハムレット』『オセロー』『リア王』を読めば、人間の本質を鋭く抉る天才劇作家の感性に触れることができます。

古典を読むことは、いわば世界遺産へ訪れるようなものです。せっかく近くにあるのに一度も足を運ばないのは、機会損失と言えるでしょう。

もちろん、いきなり原書に当たるのはハードルが高いかもしれません。ですが、書店には分かりやすい漫画版もありますし、作品によっては映画化されたものもあります。まずは、そういった〝分かりやすいもの〟を有効活用し、いくつか古典の世界の扉を開いてみてください。

あなたによって選ばれた本は、いずれあなたの一部となり、あなたの運命をつくる材料となります。つまり、本を選ぶこととは、人生を選ぶことなのです。本書で紹介した選書法をご参考いただき、ぜひたくさんの本との出会いを楽しんでください。

Column 3

## Another Side Of
# Friedrich Wilhelm Nietzsche

何をやっても自己肯定感が上がらない。そんな時はドイツの哲学者であるニーチェの思想に触れてみることをお勧めします。なぜなら彼の哲学は「生の肯定」がテーマであり、徹底的に自分の人生を肯定することを説いているからです。一説によれば、ルー・ザロメという女性との出会いが、ニーチェの思想形成に大きな影響を及ぼしたと言われています。ふたりの愛は実りませんでしたが、それでも彼女と過ごした日々は、ニーチェにとって大切な思い出であり、魂を震わせるほど最高に幸せな時間だったと言います。つまり、それがニーチェにとって人生の全てを肯定できる、たったひとつの根拠となっているのです。そんな彼の中心思想は、代表作「ツァラトゥストラ」に垣間見ることができます。

[ニーチェのお勧め本]

**ニーチェが発狂直前に完成させた自叙伝**

**『この人を見よ』**

# 第 5 章

# 何を
# INPUT
# するのか？

# ＩＮＰＵＴとは自己形成である

あなたと私との旅も、この第5章で終わりです。ペース配分は大丈夫ですか？　休憩はとりましたか？　途中でＯＵＴＰＵＴはしましたか？　あと少しでゴールですが、どうか最後までご自身のペースで読み進めてください。それでは最後の旅に参りましょう。

さて、食品の中には、たんぱく質・脂質・炭水化物の他、ミネラルやビタミン、食物繊維など、私たちの健康に欠かすことのできない栄養成分が含まれています。それと同じように、本の中にも人間の内面を豊かにしてくれる、さまざまな栄養成分があるのです。

せっかく自分の時間とお金をかけて本という食材を選ぶわけですから、せめてその中に含まれている栄養素に関する知識はもっておきたいものです。

そこで、この5章ではＯＵＴＰＵＴ読書術の最後の仕上げとして、読書において〝何をＩＮＰＵＴするのか？〟をテーマにお話をさせていただきます。

「どんなものを食べているか言ってみたまえ。君がどんな人か言い当ててみせよう」

これはフランスの政治家であり、美食家としても知られるブリア＝サヴァランの言葉ですが、本書でお伝えしたいＩＮＰＵＴの本質を見事に言い表しています。

つまり、どんなモノを自分に取り込んできたかという〝ＩＮＰＵＴの歴史〟が、どんな人になるかを決定付けるのです。

ゆっくりと思い出してみてください。子どもの頃、自分の肉親や兄弟から言われ続けてきた言葉。学生時代、友人が何気なく放った心のない一言。自分の心を救ってくれた親友からのメッセージ。会社の先輩や上司からの叱咤激励。スマホを開くたびに表示される知人たちの投稿。大好きな小説や漫画の台詞。

こういった、自分の感覚器官を通して入ってきた情報全てが、〝ＩＮＰＵＴの歴史〟であり、自己形成に大きな影響を与えるのです。

つまりＩＮＰＵＴとは、自分にとって「毒」にも「薬」にもなる行為であり、読書もまた例外ではないのです。ただ、ご安心ください。これから本の中にどんな要素が含まれて、どう自分に吸収させればいいのか、細かく丁寧に解説していきます。

これを押さえておくと、選書の精度が向上し、ＯＵＴＰＵＴ読書術の効果を格段に高めることができるのです。では進んでいきましょう。

## INPUTバランスを整える――ノウハウ・事実・思想

現代の情報過多社会とは、人工的につくられ、食用にされるフォアグラ農場のようなものです。子どもから大人まで〝情報〟という餌を過剰に与えられ、その結果、ストレスが肥大し、人間らしい生活ができていない人が多いように思えます。自分の人生に

**5-1　情報の三大栄養素**

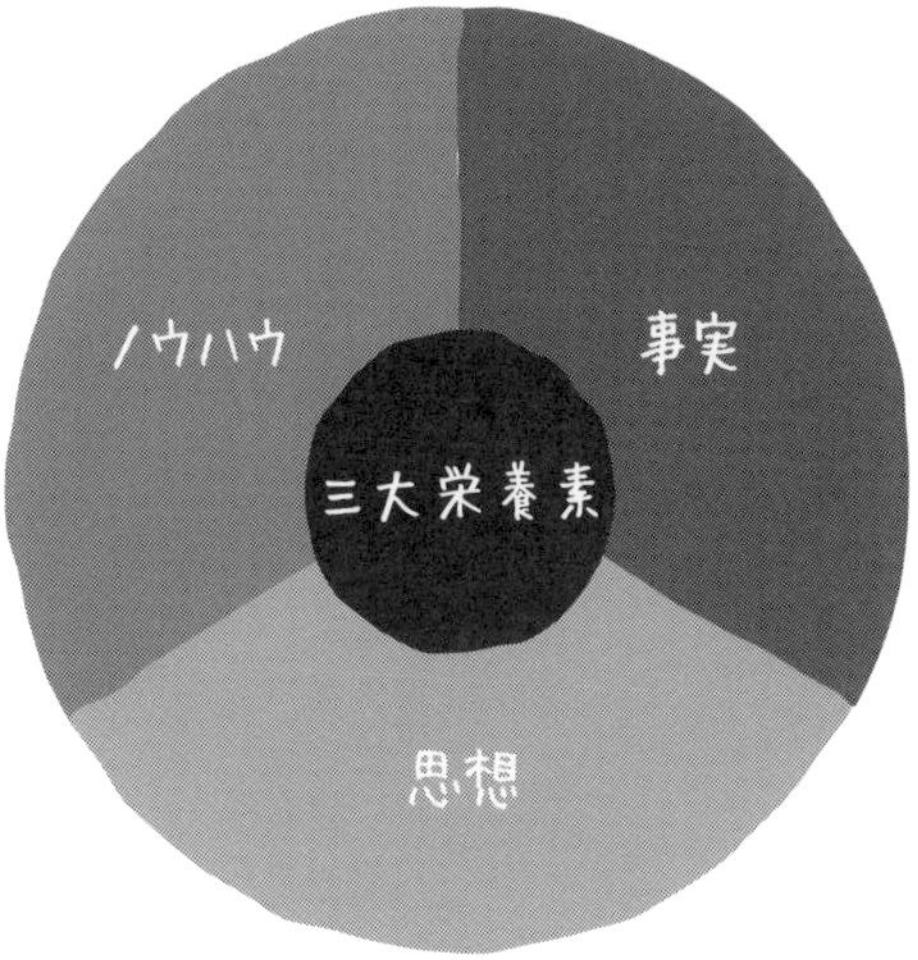


とって不必要な情報の大量摂取は、精神に余計な脂肪をつけ、過剰なストレスを与えます。そうならないためにも、常日頃からＩＮＰＵＴすべき情報とそうでないものを見極める目を養っておく必要があります。

そこで、まず知っておいていただきたいのは〝情報の三大栄養素（ノウハウ・事実・思想）〟についてです。この３つは、本、テレビ、雑誌、新聞といった、さまざまな情報媒体に必ず含まれている主たる栄養素であり、自己形成に強い影響を与えるものです。では順番に見ていきましょう。

### ①ノウハウ

あるものごとを達成するために必要な方法や手順、あるいは順番やコツなどの知識。それがノウハウです。例えば、ビジネス書は、情報の三大栄養素の中で、ノウハウの占める割合が高い情報媒体と言えるでしょう。**ノウハウは、人間の仕事や私生活などの生産性を高めてくれる現代社会に欠かせない栄養素です。**ノウハウの摂取で一番肝心なのは、摂取の〝タイミング〟と摂取後の〝行動〟になります。自分が必要だと思ったタイミングでノウハウをＩＮＰＵＴし、すぐに行動に移し、その効果を検証するわけです。

この栄養素と付き合っていくうえでの注意点は、「ノウハウコレクターにならないこと」に尽きます。スマホひとつで何でも調べられるご時世に、〝今いらないノウハウ〟を収集するほど無意味なものはありません。余計な知識は腰を重くし、行動を抑制する恐れがありますから、過剰摂取には十分ご注意ください。とくにビジネス書は、〝ノウハウのカタマリ〟ですから、〝今必要なテーマの本をとり、今必要な情報を抜き取り、すぐに行動する〟ことを念頭において利用するとよいでしょう。

## ②事実

事実とは、実際に起こった事柄や、現実に存在する事柄を意味しています。例えば、２０１８年のＦＩＦＡワールドカップ優勝国はフランスであること。日本の首都は東京都であること。これらは誰の目から見ても明らかな事実です。

**この〝事実〟という栄養素は、人間の意思決定を助けてくれる働きがあります。**

大きな買い物をする時。就職や転職をする時。新規事業を立ち上げる時。こういった状況において意思決定をするためには、必ずその根拠となる〝事実〟が必要です。また世の多くの人が、現在世界で起こっている〝事実〟を知ろうと、新聞を読んだり、ニュースを見たりしているのは、自分や自分の社会にとって正しい意思決定をするためなのです。

事実という栄養素を摂取する際の注意点は２つあります。１つが、無目的に無関係な事実を収集しないこと。そしてもう１つが、事実と解釈を混同しないことです。

この世界には、自分の人生の目的や意思決定にかかわらない、〝どうでもいい事実〟が無限にあります。一方で人生は有限であり、自分がやり遂げられることもかぎられています。そんな中、無目的に無関係な事実ばかり収集していると、時間があっという間になくなってしまいます。ですから、事実を求める時は、必ず自分の目的と、その関係性を考えて収集することが大切なのです。

また、事実と解釈を混同してはいけない理由は、状況判断や意思決定を誤る可能性があるからです。事実というのは、仮に１００人いれば、その１００人が「それはその通りだね！」と納得せざるをえない明らかな情報で、時間と空間の中に実在する事柄。一方、解釈は、人によって意見が分かれる情報で、恣意性・多様性のある理解の仕方。

例えば、重大な意思決定が求められる医者は、何に基づいて病名を判断し、治療方針を定めるのでしょうか。それは事実でしょうか？　それとも解釈でしょうか？

医療機関に行くと体温や血圧を測ったり、血液や尿などが採取されたりすることがあると思います。これは、私たちの体から〝事実〟を抜き取っているのです。そして、その事実に基づいて、病名が下され、治療が行われるわけです。一方で、事実を検証することなく、「なんとなく具合が悪そう」といった、個人的な〝解釈〟で、診断をしたらどうなるでしょうか？　正しい治療が施されず、その結果、命や健康に危険が及ぶのは、火を見るよりも明らかです。重大な意思決定において、事実と解釈は〝混ぜるな危険〟なのです。

とくにメディアや人から流れてくる情報は、キレイに事実と解釈が分かれているわけではありません。迷彩柄のように、事実と解釈が渾然一体となっているのです。今後あなたが、重大な状況判断や意思決定をしなければならない時、ネットや本など、あらゆる手段を使って情報収集すると思います。その際は「これは事実なのか？ それとも解釈なのか？」と、いったん立ち止まり、両者を分離させることを忘れないでください。

### ③思想

人生や社会に関するものの見方のことを思想と言います。例えば、西洋哲学、東洋哲学、宗教。これらは思想と呼ばれる大きな枠の中に存在するものです。

ただ思想と聞くと、ノウハウや事実と比べて、どうしても固いイメージがあります。ですが、この〝思想〟という栄養素は、空気のように身近に存在していて、人は誰しも自然に体内に取り込んでいるものです。

例えば、あなたが日常的に触れている、文学作品、映画、アート、音楽を想像してみてください。こういったものには、作り手の思想が高い純度で含まれる、いわば〝思想のカタマリ〟なのです。

**この思想という栄養素は、人間の感性と理性を磨き、自己形成と自己理解を促してくれる働きがあります。**つまり、相手の気持ちや、考えていることを深く理解したり、自分のやりたいことを見極め、生きるべき道を明確に定めてくれるのです。

ただ、思想を学びたいといって、誰もが西洋哲学や東洋哲学からはじめなければならないというルールはありません。例えば、あなたが尊敬している人物の伝記、自叙伝、エッセイなどを読むのも、思想に触れる行為のひとつです。「難しい本を読まなければ……」と肩肘張る必要はありませんから、あなたが興味をもったものから手にとってみましょう。

思想という栄養素を新たに摂り込む際の心がけとして大切なことは2つあります。ひとつが、〝それを絶対的な正解だと思わず、批判的な目を持って向き合うこと〟。そして、もうひとつが〝手広く知ること〟です。

一般的に長く生き残っている思想というのは、人間の精神に強烈な影響を与えるような強い力が宿っています。そのため、それを無批判に受け入れてしまうと、そのパワーに飲み込まれ、時間をかけて培ってきた、あなた自身の思想をも奪われてしまうのです。

あくまで思想を生み出した人物と、あなたは違う人間であり、生まれ育った環境も境遇も時代も違います。ですから、違って当たり前という前提のもとで「なぜこの人物は、こんな考えをもつに至ったのだろう？」と批判的にその人物の思想と向き合うのです。

また他の思想を知らずに、ひとつのものだけに偏るとバランスが欠けてしまうため、反対側にある思想なども含めて幅広く触れるとよいでしょう。

覚えておいていただきたいのは、どんな本であっても、今紹介した〝情報の三大栄養素（ノウハウ・事実・思想）〟が異なる比率で含まれていることです。また、各栄養素の働き、摂取時の注意点などを参考にしていただきますと、今自分にはどんな栄養素が足りていないのか、逆にどんな栄養素を摂り過ぎているのかが明確になるはずです。

ただ、これらはあくまで主たる栄養素であり、本から得られるもの全てを説明したことにはなりません。他にも本の中には、あなたの人生を好転させるような要素が溢れているのです。その中でもとくに押さえておきたい〝要素〟について、これからお話ししていきたいと思います。

# 著者の表現力を盗む

「自分の思いを、自分の言葉で伝えるのが苦手です……」

そんなことでお悩みの方は、本の中に含まれている〝言語表現〟の要素に注目して読書を行うとよいでしょう。

文部科学省の平成29・30年改訂学習指導要領では、これからの時代に必要な能力のひとつとして、〝表現力〟を挙げています。

表現力というのは、自分の感じていること、考えていることを、第三者の印象に残るように、効果的に伝える力です。例えば、効果的なプレゼン、良好な人間関係を築き上げるコミュニケーション、ＳＮＳで共感される情報発信、心を動かす音楽や絵画やダンス。これらは全て〝豊かな表現力〟がベースにあってこそ成り立ちます。

とくに現代は、国籍や民族などを超えて対話をしたり、一個人がネットを介して自分の意見を自由に発信することが、当たり前になってきました。ですから、〝言葉による表現力〟を鍛えておくことはとても大切です。

では、どのようにすれば、〝言葉による表現力〟を鍛えることができるのでしょうか？結論から言えば、一流と呼ばれる作家の文学作品を読むのが確実な方法でしょう。ただ、仕事や私生活が忙しく、そこまで時間がとれないという方も少なくないと思います。もしそうであれば、全て読もうとするのではなく、割り切って〝言語表現〟だけを盗んでしまいましょう。

実際にどうやるのかと言いますと、まず誰もが知る日本の名文学を2〜3冊ピックアップしてみてください。次に、各作品のページを無視してランダムに開いていきます。そして、言葉選びのセンスや、情景描写の巧みさといった、言語表現だけに注目して読んでいくのです。もちろん、普通の小説などでは、こういった乱暴な読み方はお勧めできません。しかし、本当に優れた文学作品というのは、どのページを開こうとも、秀逸な言語表現が見つかるため、こういった贅沢な虫食い読みが可能なのです。

そして心が動いた一文を見つけたら、黙読して終わりではなく、必ず〝音読〟をしましょう。実際に試すとよく分かりますが、あなたがピックアップした文章の中には、まるで脈を打つように、独特のリズムが刻まれている一文があるはずです。これは、文章の調子（リズム）と呼ばれるもので、理屈ではなく、自分の五感を使って体験しなければ得られない醍醐味なのです。調子がよい文章というのは、喉ごしがよいビールのように、読者に心地よさと没入感を与えます。こういった優れた表現者の感性は、ただ作品に触れるのではなく、自分の感覚器官をフルに使って吸収するものなのです。

## アイデアの素材を頭に放り込む

本の中に含まれる要素のひとつとして無視できないのが〝アイデアの素材〟です。ジェームス・Ｗ・ヤングの『アイデアのつくり方』（ＣＣＣメディアハウス　１９８８）によれば、「アイデアは既存の要素の新しい組み合わせ」だそうです。

つまり、ゼロから新しいものを生み出すというより、既にあるもの同士を組み合わせることでアイデアは生まれるというわけです。

その最たる例が、iPhoneでしょう。誰もが知っている「音楽プレイヤー」「携帯電話」「インターネット」。これら3つの既存の要素を新しく組み合わせたことで、スティーブ・ジョブズは世界中にiPhoneブームを巻き起こし、世の人々を熱狂させました。

つまり、どれだけ頭の中にある少ない素材をこねくり回しても、アイデアのもととなるネタ（もう既に知られているモノ・コト）がないかぎり、新たな発想は起こらないのです。

またヤングは、優れた創造力を発揮する人というのは、人生のあらゆる方面の知識をむさぼり食う特徴があると言います。要するに知的好奇心にしたがって、自分の世界を外へ外へと広げていくわけです。

第4章で〝投資家的選書〟と〝直感的選書〟のバランスが重要だとお伝えしましたが、そのように述べた理由のひとつがまさにココにあります。

つまり、自分の知的好奇心に任せて本を読むことは、自分にとって未知の領域を、既知の領域に塗り替える作業なのです。

**5-2　アイデアを組み合わせると……**

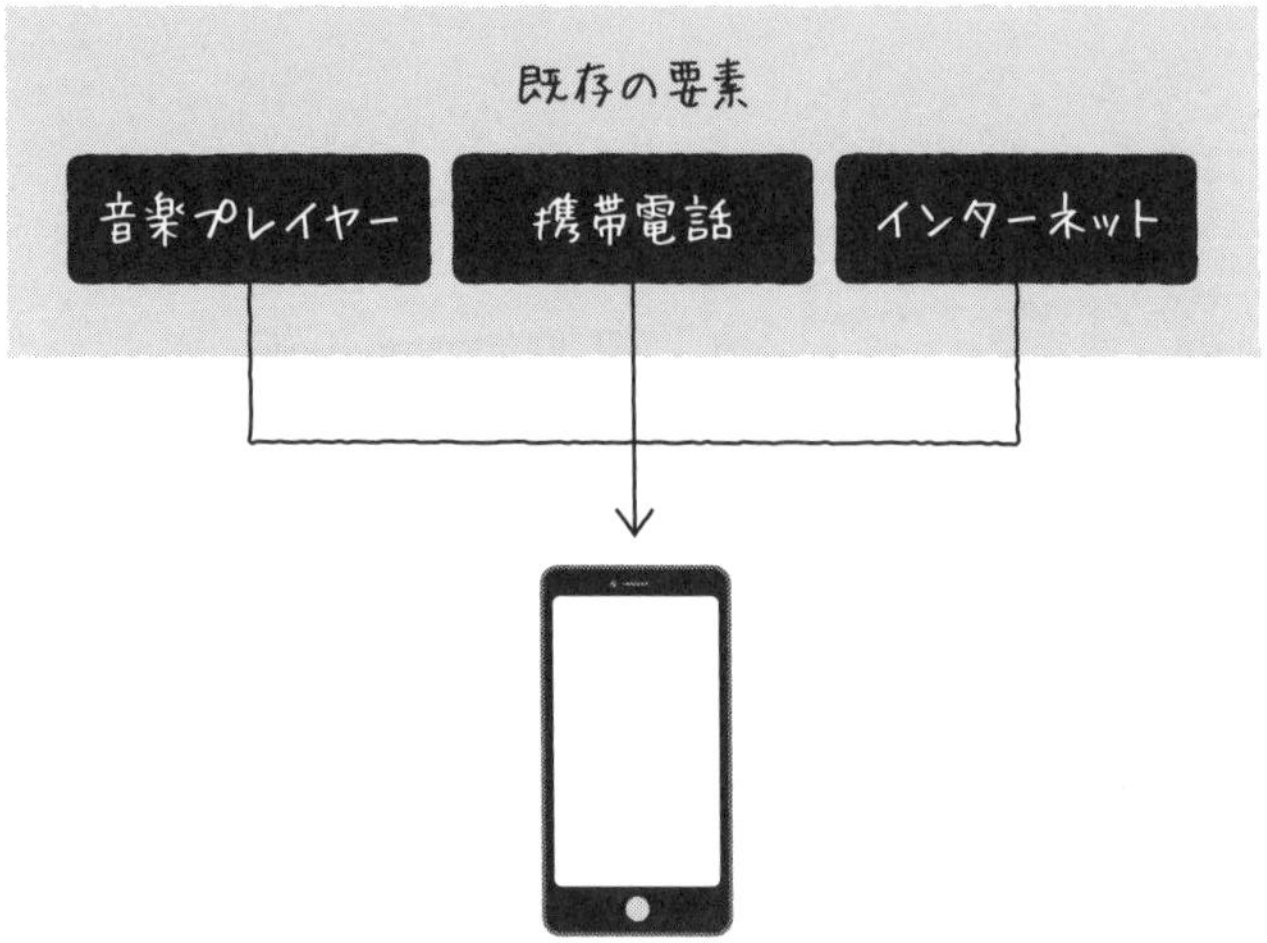


　そこで知り得た新たな情報は、既存の要素、すなわち〝アイデアの素材〟となって、あなたの脳内にストックされていくわけです。当然のことながら、素材が多ければ多いほど、組み合わせも多くなり、素材同士での化学反応が起きる確率も上がります。さらに、素材のストックが増えることは、自分の視点が増えることでもあります。それによって、ひとつの物事を多角的に考察できるようになるため、より一層、新たな発想が生まれやすくなるのです。

# 人生のケーススタディを貯蔵する

読書で得られる最大の恩恵のひとつは〝人生のケーススタディ〟が得られるという点です。自分以外の人間の成功事例、失敗事例を数多く知っている人は、人間社会の共通パターンや、人生で起こり得る傾向を掴んでいるため、未来を想定しながら対策を練ることができます。そのため、自分の人生を思い通りにコントロールしやすくなるのです。

例えば、中学、高校、大学の入学試験、あるいは資格試験でも何でもいいので、大事な試験に臨んだ時のご自身を思い出してみてください。おそらく、試験対策として〝過去問〟を使ったことと思います。

去年出た問題は？　よく出題される問題は？　よくある引っ掛け問題は？　そうやって試験の傾向を調べ、対策を練った記憶があるでしょう。つまり〝受験〟を攻略するには過去問が必須であることは、私もあなたも知っている事実であり、言われなくても誰もが実践していることなのです。

ところが、〝人生〟の攻略となるとどうでしょうか。読書離れという言葉が証明しているように、人生の過去問であるケーススタディを本から獲得している人は意外に少ないのです。

人生とはどんな受験勉強よりも長くて過酷なサバイバルゲームです。さらに試験のような正解もありません。ですから、一切ケーススタディを獲得することなく生きることは、過去問なしで最難関大学の受験にチャレンジするようなものです。よほどの才能がないかぎり、その人は武器や防具をもたないで戦いに挑むようなものなので、人生がハードモード化します。

では〝ケーススタディ〟という要素を手に入れるためにはどうすればよいのでしょうか？　結論から言えば、**時代を超えて読み継がれている古典に触れること**です。〝歴史は繰り返す〟というように、人間の営みは古代から本質的には変わっておらず、国家も個人も同じような出来事によって栄枯盛衰を繰り返しているのです。そのため、積極的にあらゆるジャンルの古典を読破していけば、ほぼ自動的にケーススタディはストックされていきます。

もし古典を読むことに抵抗感がある方は、誰かの人生を追体験できるような作品（伝記、自叙伝など）を選ぶとよいでしょう。

具体的には、まずあなたが「この人の人生を追体験したい」という人物を特定してみてください。孔子でもナポレオンでも坂本龍馬でも、あなたが興味をもっている偉人や成功者をひとりピックアップしてみましょう。

次に、その人物に関する代表的な資料を見つけ、その中から最も興味のある入口としてふさわしいものを選ぶのです。例えば、自叙伝、ドラマ、映画、漫画という4つの資料が見つかり、映画が入口として適切であると判断したのであれば、まずは映画から観るわけです。

全体の流れを掴んだら、最後に、その人物の人生を深く知ることができるような本を読んでいきましょう。

もちろん、本を読まずに映像や漫画だけでも人生を追体験できるというご意見もあると思います。ですが、本当にケーススタディを獲得したいのであれば、本の存在を無視するべきではないでしょう。なぜなら、本は他の媒体より圧倒的に情報量が多いため、人生の研究材料として最適だからです。興味の入口として試食。心から味わう実食。これらは全くもって別の体験であるように、本とそれ以外は切り分けて考えるべきなのです。

仮に1カ月に1人分のケーススタディを取り入れることができれば、年間12人分の人生を獲得したことになります。習慣化すれば、自分の考え方やマインドなど、とてつもない変化が起こることは容易に想像がつきます。一度きりの人生ですから、できるかぎり多くの良質な過去問に触れ、よい人生を手に入れたいものです。

# 繊細な心の動きを肌で感じる

夏目漱石のデビュー作『吾輩は猫である』に、こんな一文があります。

「呑気と見える人々も、心の底を叩いて見ると、どこか悲しい音がする」

この言葉によって、あなたは何を想像しましたか？　知り合いの顔でしょうか？　勤めている会社の社長さんの顔でしょうか？　それとも、あなた自身のことでしょうか？

人間は、つい人の表面だけを見て「あの人は○○だ」と判断しがちです。しかし、人間は本来そんな単純なものではなく、外側からは見えにくい〝心〟を備えた複雑な存在です。ただ、人間の心の繊細な動きを捉えることは、よっぽど鋭い勘の持ち主でないかぎりは、簡単ではありません。

自信を失い、落ち込んでいるとは気付かず、余計にプレッシャーを与える言葉をかけてしまった。ただ話を聞いてほしかっただけなのに、一方的に自分の話をしてしまった。

このように、どんなに気を付けても、相手の本心を汲み取り損ね、意図せず傷つけてしまった経験は誰にだってあるはずです。

たしかに〝繊細な心の動き〟を感知するセンサーは、何度も実生活で失敗をし、傷つき、傷つけられながら磨かれていくものです。しかし、誰もがそんな逞しいメンタルをもっているわけではありません。

であれば、本の世界の中で〝繊細な心の動き〟に触れ、地道に学んでいくのも、ひとつの策と言えるでしょう。具体的には、名作と言われるような文学作品、小説などが人間の繊細な心の動きを学ぶテキストとして最適です。そこに登場する人物たちが、あなたの代理として、たくさんの喜怒哀楽を演じてくれますから、その世界にドップリと肩まで浸かって感情移入するのです。もちろん、自分の状況と近い設定の本でなくても大丈夫です。時代も、国も、職業も、何もかも違う人生の疑似体験は、あなたの精神に新鮮な刺激を与えてくれるでしょう。ふだんの生活では見えない人間の心模様が、言語で表現されるわけですから、現実世界とはひと味違ったリアリティが得られるはずです。

とくに今は多様な違いや個性を認め合うダイバーシティの時代です。国内外問わず、多様な文学作品や小説に触れ、共感性を高めておくことは、間違いなく今後の財産となるでしょう。

## 時代の文脈をインストールする

私たちがふだん目にする映画、ドラマ、アート、本など、一般的に「作品」と呼ばれるものの多くは〝時代の文脈〟が流れているものです。

その時代に何が原因で、どんな出来事が起こり、それによって社会がどう変化し、人々がどんな暮らしをしていたのか。作者はそういった時代特有の世界観やストーリーを、作品の中に落とし込み、人々に何かメッセージを伝えようとしているのです。

例えば、大ヒットドラマ『半沢直樹』。国民的長寿アニメ『サザエさん』。２０２０年に映画化された太宰治の代表作『人間失格』。これら3作品の世界観は全く異なりますが、いずれも〝昭和〟という時代の文脈が流れているという点で共通しています。ですから、これらの作品が放っているメッセージや世界観を受信するためには、少なくとも〝昭和〟という時代がどんな時代であったのかを知っておく必要があるわけです。

ちなみに、令和の時代でも、いまだに昭和的文脈が健在なのは、それだけ社会からのニーズがあるからでしょう。昭和ノスタルジーという言葉もあるように、古き良き昭和という時代に郷愁を覚えている中年層や、レトロな風情に憧れをいだく若年層は意外に多いものです。

ただ、あなたが「自分の世界を広げたい」という気持ちをおもちであれば、ひとつの時代に偏ることなく、さまざまな時代の文脈を知っておくべきでしょう。それによって自分が受信できる情報の幅が広がり、世界を広く、深く洞察できるようになります。

では具体的にどうすれば、〝時代の文脈〟を幅広くインストールすることができるのでしょうか？　本音を言うのであれば、歴史の参考書を読んで、古代から現代まで、通史を学ぶのが確実な方法です。ただ、そこまでの時間を捻出できない方は〝時代の転換期〟に注目し、英雄伝、歴史小説、時代小説など選んでみてはいかがでしょうか。

例えば、江戸時代の末期に起こった歴史的大革命「明治維新」。これによって武士の

## 5-3　時代の文脈をインストールする

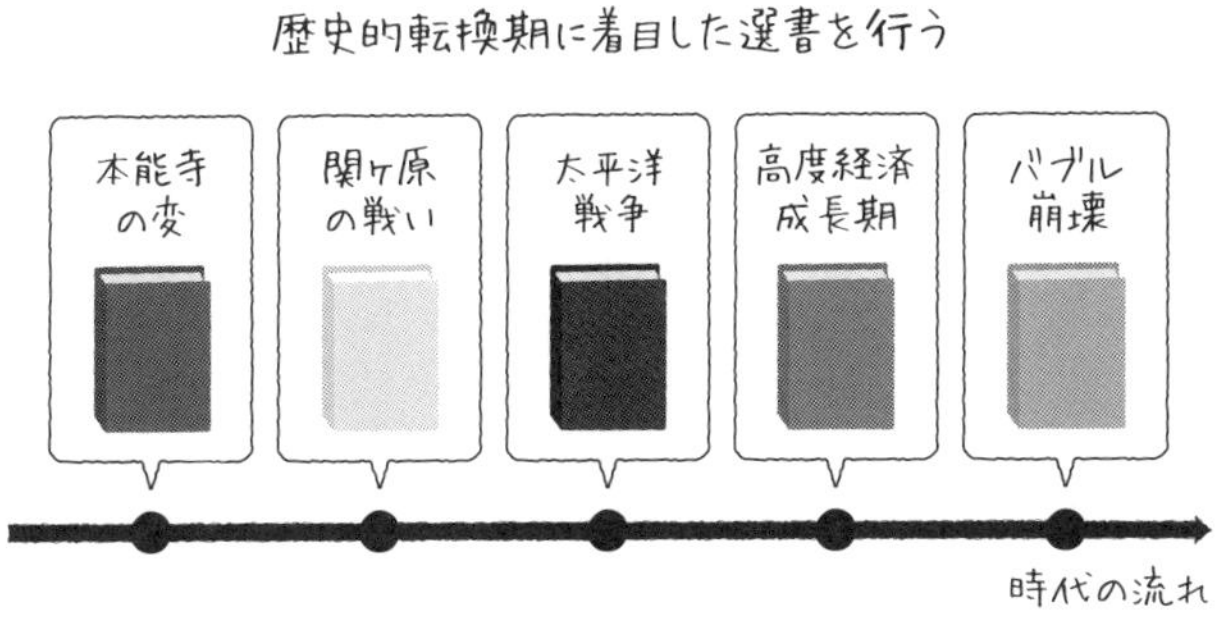


時代は終わり、新時代が築かれることになりました。

こういった時代の節目というのは、前後関係がはっきりしているため、時代の文脈が読み取りやすいです。とくに幕末は、坂本龍馬や西郷隆盛のような英雄たちが大集結する時代であり、数多くの面白いストーリーがあります。

大河ドラマ、映画、歴史小説などは、幕末を舞台にした作品も多く、〝時代の文脈〟のストックが少ない方は幕末から攻めてみましょう。ただエンタメ要素が強い歴史モノの作品は総じて、史実を完璧に再現したものではありません。したがって本格的に歴史を学ぶテキストというより、あくまで興味の入口という感覚をもって利用するとよいと思います。

この他にも、「本能寺の変」「関ヶ原の戦い」「太平洋戦争」「高度経済成長期」「バブル崩壊」など日本の歴史的転換期を舞台にした作品は多数存在しています。もしご自身で足りないと思われる時代の文脈があれば、こういった歴史的転換期に注目した選書をしてみてはいかがでしょうか？

# 本とネットをどう使い分けるか

ＩＮＰＵＴという行為は、本だけでなく、ネットを使うことでも可能です。ただ両者はそれぞれに強みと弱みがあるため、それを理解したうえで上手に使い分ける必要があります。まず本とネットの両ツールを使い分ける最大のポイントは、役割分担を明確にすることです。どんな時に本を読み、どんな時にネットに頼るか。こういった棲み分けを自分の中でつくっておくのです。お勧めの役割分担は以下の通りです。

本　　：正確な知識を体系的に身に付けたい時に使うツール
ネット：断片的な情報を素早く手に入れたい時に使うツール

つまり、体系的なＩＮＰＵＴは本に任せ、断片的なＩＮＰＵＴはネットに任せるというわけです。これによって両者の強みがバランスよく発揮されるはずです。

本の強みはなんと言っても、情報の正確性と信頼性です。ネットと異なり、本は誰でも情報発信できる媒体ではありませんし、出版前には厳しいチェックを受ける必要があります。したがって他の情報媒体と比べると、正確性や信頼性は高いと言えます。

一方、ネットの強みと言えば、情報の検索性です。今すぐ近くの美味しいレストランを知りたい。今すぐこの言葉の意味と由来を調べたい。こういった単発的な情報を素早く行うための手段としてネットは最適です。

ですから、自分の人生にとって大切なテーマのＩＮＰＵＴは本で行い、不足（意味が分からない言葉など）があればネットで検索して補えばいいのです。つまり、読書は食事、ネットはサプリといった位置付けです。

ただ、心得ておきたいのは、ネットは専門家から素人まで、誰でも情報発信できる玉石混交の世界であるということです。自分の専門分野については、何が正しくて、何が間違っているのかを即座に見抜くことができても、未知の分野に関しては、なかなか難しいものです。

ですから、あなたがご自身の人生や自己形成にかかわる大切なテーマを設定したら、くれぐれもネットで完結させず、必ずそのテーマに関する本を手に入れ、体系的な知識を学ぶようにしましょう。ただネットの世界というのは、ＩＮＰＵＴのメインステージとしては不向きであっても、ＯＵＴＰＵＴを行う「鍛錬の場」としては最高の環境です。

結局のところ、本もネットも一長一短がありますから、どちらが正解というわけではありません。今お伝えした話を参考に、あなたにとってベストな使い分けを探してみてほしいと思います。

## 難解な本を攻略するコツ

「この作品がよい本なのは分かっています。でも私には難しくて、読めないのです」

今から、そんな悩みをもった人に向けたお話をいたします。読書をしたことがある方であれば、誰もが難解な本の読解に苦しんだり、挫折した経験があるものです。

まず難解な本を読むにあたって2つ覚えておいてほしいことがあります。ひとつが、「難解な本が読めない人＝読解力がない人」ではないということ。もうひとつが、**「難解な本にはパターンがある」**ということです。

では順番に説明していきます。難解な本の中には、苦労してでも読むべき良書もあるのですが、単純な話をわざわざ難しい表現を使い、意図的に分かりにくくしているだけの本も意外と多いのです。名著と呼ばれる古典の中ですら、そういった意地悪な作品はあります。ですので、難しい本が読めないからといって、必ずしも「私は読解力がない！」と嘆く必要はないのです。

そして2つ目の「難解な本にはパターンがある」という点についてですが、ここがとくに重要です。もしあなたが本を読んでいて「この本、難しいな」と思ったら、今からお話しする3つのパターンを疑ってみてください。

1つ目が、テーマ自体が難しいパターン。2つ目が背景知識を知らないパターン。3つ目が、文章そのものが難しいパターンです。

もちろん、これらのパターンは重複するほど、読解が難しくなっていきます。ただ、大事なのは、どのパターンが〝難しさ〟を作り上げているのかを特定することです。そのうえで一つひとつ問題解決していくのです。では各パターンの攻略方法についてお伝えしましょう。

### ①テーマ自体が難しいパターン

自分が選んだテーマ自体が、未知で難解な学術領域（哲学・科学・経済学など）であれば、どんな本であっても難しいと感じるでしょう。例えば、経済学について一度も学んだことがない人が、いきなりマルクスの『資本論』にチャレンジすると、高確率で挫折するでしょう。このようなケースに当たった場合は、自分が読もうとしている本とは別に、そのテーマに関する3種類の本を入手してみてください。

まず1つ目が、「全体構造が分かりやすい本」です。具体的には、図解が多く、そのテーマの初学者が大まかな概要を掴みやすいものを選ぶとよいでしょう。

そして2つ目が、「文章が分かりやすい本」です。自分が読んで理解できなければ、どんな本であっても意味がありません。そのテーマに関する定番の入門書、漫画版、ダイジェスト版などがあれば積極的に利用してみてください。

最後の3つ目が、「詳細が分かりやすい本」です。先ほどの2冊を使っても、分からないことや、もっと詳しく知りたいことが出てくると思います。その際に頼れる切り札として、厚めで情報量が多く、辞書的に使える1冊を用意するのです。

桃太郎が「猿」「犬」「雉」という個性の異なる仲間を引き連れ鬼退治に向かったように、未知のテーマに挑む時は、まずはこの3種類の本を仲間にするのです。それによって、自分ひとりでは攻略が困難と思われた領域の本でも読み進められます。

### ②背景知識を知らないパターン

この世界には、背景知識なしには全く内容が掴めない本が膨大にあります。例えば、ドイツの社会学者マックス・ヴェーバーによる『プロテスタンティズムの倫理と資本主義の精神』(以下、『プロ倫』)。この作品は西ヨーロッパにおいて誕生した資本主義経済とキリスト教世界との関係性を分析した名著として知られています。ただ、タイトルからも分かるように、キリスト教に関する知識はもとより、16世紀にヨーロッパで起こった宗教改革の文脈を知らないと、本書を読み解くことは困難でしょう。

また、『プロ倫』に限らず、西欧生まれの作品の多くは、キリスト教が母胎となっているため、その歴史や聖書に関する教養が、一般常識として求められるのです。

ただ、こういった話は何も本にかぎったことではありません。ニュースにしても、アートにしても、背景知識がないと全く理解ができないものは、私たちの身の回りにもいっぱいあります。残念ながらこのパターンに関しては、近道や裏ワザと呼べるものはありません。その作品にまつわる背景知識を調べ、地道に学んで攻略していくしかないのです。

### ③文章そのものが難しいパターン

難しい文章というのは、細かく分類していけばたくさんのパターンがあります。現代人には意味が取りづらい文体で書かれた文章。抽象度が高い論理的文章。こういった、人によってさまざまな難しい文章が存在するのです。

例えば、三島由紀夫が好んで使った文章類型のひとつに〝装飾体（美文体）〟と呼ばれるものがあります。これは明治時代に流行った文体で、今風に言えば〝映える〟言葉を書き連ねて、文章を美しくみせる技法です。たしかに装飾体は、色鮮やかな映像が浮かぶような雰囲気を出せるのですが、人によってはゴチャゴチャして意味が逆に取りづらいと感じる方も少なくないのです。こういった現代的でない文体が使われた名作に挑む場合は、読む前に、先にどんなあらすじかを調べておくとよいでしょう。前にもお話ししましたが、オチを知っておくほど文章は読みやすくなります。

また、抽象度が高い論理的文章は、頭の中で具体的なイメージが湧かず、苦労する人が多いようです。このパターンは評論系、哲学系の本でよく見られます。

ここで大切なことは、著者の主張を誤って認識しないことです。第3章で、筆者の主張にマーキングを入れるというお話をしましたが、この技術は抽象度が高い論理的文章に出くわした時に真価を発揮します。ただ、それでも、著者の主張を正しく追えない場合は「対比」に注目すると、読みやすくなります。

「対比」というのは、自分の主張と真逆の意見をワザともってきて批判し、自分の主張を目立たせる文章技法のひとつです。

とくに社会に対して強いメッセージを発している作品の多くは、高頻度で「対比」が用いられています。ですから、こういった対比構造に注目し、筆者の主張は〝赤〟、対比させている意見は〝青〟というように、色を分けてマーキングしてしまうのです。すると、本全体に赤と青のコントラストができるため、筆者が何を主張し、何に反対しているのかが一目で分かるようになり、その結果、難解な本であっても筆者の主張が読み取りやすくなるのです。もし自分でこのテクニックを試してみようという方は、ショーペンハウアーの『読書について』がお勧めです。作品自体が短く、難し過ぎず、論理構成がしっかりしているため、練習教材として最適です。

## 「終わりの時間」を意識する

夏休みの宿題、大学のレポート、会社のプレゼン資料……集中すればすぐ終わるような作業が、結局期限ギリギリまでかかってしまった。

誰もがこういったご経験をおもちではないでしょうか。早く終わらせた方が、気持ちも楽ですし、自由な時間も増えることは頭では分かっています。でも、それがどういうわけだかできないのです。一体なぜでしょうか？

それは、イギリスの歴史・政治学者であるパーキンソンが説いた〝パーキンソンの法則〟の罠にハマっているからです。彼が自身の著書『パーキンソンの法則：進歩の追求』で説いた第一法則によると、「仕事の量は、完成のために与えられた時間をすべて満たすまで膨張する」と言われています。つまり**人間とは、与えられた時間を、与えられた分、最後まで使い切ってしまう存在**なのです。帰宅時間を決めずに残業を行った結果、無駄にたくさんの仕事をしてしまった……。会社員の方であれば、こういった経験は何度もされてきたのではないでしょうか。

ですからＩＮＰＵＴをする時は、必ずタイムプレッシャーをかけるようにしましょう。この記事は5分で読む。この新聞は15分で読む。この本は3時間で読む。このように、どんなＩＮＰＵＴをするにせよ、**「終わりの時間」を意識すること**が何より大切です。

適度なタイムプレッシャーは、人間の脳に負荷を与え、集中力アップにもつながると、数々の研究によって証明されています。一方、時間制限なきＩＮＰＵＴは、パーキンソンの法則の罠に陥り、肝心なＯＵＴＰＵＴの時間を奪ってしまいますから、十分にご注意ください。

また、もう1点「終わりの時間」を意識していただきたいポイントがあります。それは、あなたの〝人生〟です。

**「メメント・モリ（memento mori）」**という言葉をご存じでしょうか。これは古代ローマ時代に生まれた警句で、日本語に訳すと「死を忘れるな」という意味になります。一説によれば、戦いに勝利した将軍の凱旋パレードで、使用人が後方から「メメント・モリ」と囁き、将軍の気持ちを引き締める役割を果たしていたと言います。

つまり、人生の「終わりの時間」を想起させることで、心に隙ができないようにしたり、大切な時間の浪費を防いでいたのです。どんな大英雄であっても、どんな大金持ちであっても、人生は一度きりしか経験できません。だからこそ、後悔のないような時間の使い方をしたいものです。

一生のうち読める本にはかぎりがあります。しかし本が私たちに与えてくれる可能性にはかぎりがありません。ですから、人から笑われるような夢でも、本を味方にしてどんどんチャレンジしましょう。

今どれほど不安で、自信がなくて、孤独で、泣きたい状態であったとしても、本だけはいつもあなたの味方です。つらい時は一人で抱え込まないようにしてください。

さて、私はそろそろここでお別れです。

できることなら、もう少しご一緒したかったのですが、「終わりの時間」が来てしまいました。

足を休めたら、もう少し旅を続けてみてください。

私はあなたを見守りたいと思います。

大丈夫です。

本書を最後までお読みいただいたあなたなら、きっと大丈夫です。

# エピローグ
# 読書は、想像さえしなかった、人生の扉を開く

私、アバタローはもともと読書が大嫌いな人間でした。

実を言うと、高校2年生まで漫画くらいしか読んでおらず、学校の教科書すらまともに読んだことがありません。そんな私がまさか文学部に進み、書評YouTuberとして読書術の本を書くことになるとは思いもしませんでした。

出版のお話をいただいた時は、私のような者が引き受けていいのだろうか？　と本当に悩みました。ご存じのように私は大学の教授でもなければ、経済的な成功者でもありません。どこにでもいる普通の会社員です。

ただ、それでも「やってみよう」と決意できたのは、私が「文学部に行こう」と決意した、〝あの日の記憶〟が鮮明に蘇ったからです。

それは、私が高校3年生の春、恩師と交わした、数分程度の短い対話です。多くの生

徒を指導していた先生にしてみれば、一生徒との何気ないやりとりだったのかもしれません。しかしそれは、私の人生を変えてくれた、忘れがたい物語なのです（以下、アバ＝アバタロー）。

恩師「どこの大学に行くか、進路は決めたかい？」
アバ「いえ、まだです。そもそも僕は大学に行くべきか悩んでいます」
恩師「それはまた、どうして？」
アバ「とくに学びたいことがないからです。経済も法律も何にも興味が持てないんです」
恩師「なるほどね。それはたしかに悩ましいな。ところでさ、君は本好き？」
アバ「全然好きじゃないです。むしろ大嫌いです」
恩師「じゃあ普段から、全然本は読まないんだね」
アバ「はい。全く読みません」
恩師「そうか、そうか。ちなみに何で君は読書が嫌いなの？」
アバ「分からないです。とにかく嫌いなものは嫌いなんです」

恩師「でも私は君が、本が嫌いな人間には見えないよ」
アバ「え、なぜですか？」
恩師「だってさ、本を全く読んでない人間が、どうやって本を嫌いになるんだい？」
アバ「そ、それは……。でも、好きじゃないのはたしかなんです」
恩師「じゃあ、君が本を嫌いだと言う理由は何だと思う？」
アバ「分からないです」
恩師「それだよ」
アバ「え？」
恩師「今君は、〝分からない〟と答えたね。つまり、君は自分がよく分かっていないイメージに対して〝嫌い〟という言葉で表現しているんじゃないかな」
アバ「言われてみればそうかもしれないです。……じゃあ僕は本が嫌いな人間ではなかったということですか？」
恩師「うん。だって、自分が知らないものを嫌いにはなれないよね。知らないから、どうせ本なんてつまらないんでしょ、どうせ意味ないんでしょ、だから僕は嫌いだ……ってなっているだけだと思うよ」

アバ「たしかに僕は本そのものが嫌いというより、本が読めない自分、理解できない自分が嫌いなのかもしれないです。現実と向き合うのが怖いんです。きっと」

恩師「なるほど。自分はこんなことも理解できないのかと、責めてしまうわけだね」

アバ「はい。僕は昔から自分のことが何より嫌いなんです。友だちだっていない。何も得意なことがない。ダメ人間なんです」

恩師「私は君をダメ人間とは全く思わない。それもさっきと同じだよ。君が君自身を知らないだけだ」

アバ「いやいや先生。僕のことは僕が一番分かっています！」

恩師「なるほど。君は自分のことをよく分かっていると、そう自覚しているんだね」

アバ「当然ですよ。だって自分のことですから！」

恩師「でもさっき君は、自分が本を嫌いだという理由について知らなかったよ」

アバ「……まぁ、それはそうですけど。でも先生！　僕は周りの皆がもっているものをもたない不幸な人間なんです。それは間違いありません！」

恩師「じゃあ、君は皆がもっているものを全てもっていれば、人間は絶対に幸福になれると思っているのかい？」
アバ「……そ、それは何か違うと思いますけど」
恩師「じゃあ君にとっての幸福って何だい？」
アバ「うーん。分からないです。なんだろう？」
恩師「ごめん、ごめん。ちょっと立て続けに質問し過ぎたね。気を悪くしないでくれ。君はひとつ大きな誤解をしていると思ってさ」
アバ「誤解？」
恩師「うん。君はきっと、〝知らないこと〟について誤解をしている」
アバ「どういうことですか？」
恩師「いいかい。知らないことは、悪いことでも、怖いことでも、恥ずかしいことでも何でもない。大事なのは〝自分が知らない〟ってことを〝自覚〟することなんだ」
アバ「先生が何を言っているのか、僕の頭ではさっぱり分かりません」
恩師「ごめん。説明が分かりにくかったね。じゃあさ、君がこれ知りたい！　って強く思う時ってどんな時？」

アバ「えっと。自分が見たことも、聞いたこともないものを目にした時ですかね」

恩師「そうだね。つまり人間というのは〝無知の自覚〟をすると、好奇心や探求心が生まれるんだ。そうやって人類は進歩してきたわけ」

アバ「じゃあ僕は〝本〟についても、〝自分〟についても、無知の自覚をしていなかったってことですか？」

恩師「その通り。知らないものを、知っているかのように振る舞っていたのさ」

アバ「だから僕はイメージだけで、本はつまらないもの、自分はダメな人間だと決め付けていたということですか？」

恩師「うん。知らないことを放置していたら、イメージで補うしかないもんね。本が面白いかなんて読まなきゃ分からないし、ダメ人間かどうかなんて、たくさん生きてみないと分からないじゃないか。怖がらずに、もっともっと知ろうとしていいんだよ」

アバ「ちょっと待ってください。僕もう高校3年生ですよ。気付くのが遅すぎませんか？」

恩師「ん？　遅いって何が遅いの？」

アバ「だって周りは皆、僕より先に気付いて本を読んだり勉強したりしているじゃないですか」
恩師「なるほど。人と比べて焦りを感じているんだね。ちなみに君の人生は、誰かと勝敗を決める競技なのかい？」
アバ「違います。そんなんじゃないです」
恩師「うん。じゃあ人と比べる必要なんかないよね。いいかい。君は君でいいんだよ。自分の人生は、自分のペースで進むものだよ」
アバ「先生、僕、決めました」
恩師「どしたの、急に」
アバ「僕、文学部へ行きます」
恩師「え……、何で？」
アバ「直観です。とりあえず僕という人間には全く本が足りていない。それだけは分かりました。だから僕は本にどっぷりつかれる環境に行きます」
恩師「そうか。君が自分で決めたのなら応援するよ」
アバ「あ、でも先生。文学部には本好きな人が多いですよね。僕みたいな人間が行っても大丈夫ですかね。授業についていけないかもしれないし、友人と馴染めないかもしれないし」
恩師「ほらほら、そういうところだよ！」
アバ「え？」
恩師「君は自分の未来を知っているの？　タイムマシーンにでも乗って見てきたのかい？」
アバ「いえ、何も知らないです」
恩師「そうだろう。じゃあ、君が知らない世界を、君が恐れる必要なんてないじゃないか」
アバ「はい」
恩師「私は君に約束する。君はいつか、自分が想像していない〝新しい自分〟と出会う日がやってくるよ」
アバ「本当ですか？　僕でも大丈夫ですか？　本当に、本当に信じていいですか？」
恩師「大丈夫に決まっている。君が何歳になっても関係ない。絶対に大丈夫」
アバ「ありがとうございます。なんか安心しました」

恩師「その代わり、これから人生でどんなことがあっても、今から言う2つの約束を守ってほしい」

アバ「約束？」

恩師「知らないことを恐れないこと。知ろうとすることを怠らないこと。いいね？」

アバ「わかりました」

恩師「うん。じゃあ君は何があっても大丈夫だ」

あの日から、もうすぐ20年の歳月が流れようとしています。ですが、私は先生と交わした約束を片時も忘れたことはありません。高校を卒業してからも、知らないことを恐れずチャレンジし、知ろうとすることを怠らず、読書を続けてきました。うつ病になっても、無職になっても、決して焦らず、比べず、自分のペースを崩さず進んできました。

そして今、ようやく私は想像もつかなかった〝新しい自分〟に生まれ変わったことを全身で実感しています。その新しい自分とは、決して世間から称賛を浴びるような成功者の姿ではありません。

この世界に生まれ落ち、産声を上げた瞬間の私。ただ純粋に今を生きている、ありのままの私。それこそ先生が私に伝えたかった〝新しい自分〟だと気付いたのです。

自分を変えてくれたのは、紛れもなく「読書」です。

しかし、先生から読書を好きになるきっかけを与えられなければ、私は自分を再発見するどころか、命すら投げ出していたでしょう。だから私は出版のお話を引き受ける時、覚悟を決めたのです。

「先生が私にしてくれたことを、今度は私がする番だ」と。

もしあなたが、これから人生という長旅にどれだけ嫌気がさしても、決して自ら旅を終えないでください。ゆっくりでもいい、休んでもいいので、自分のペースで進んで行ってください。今どれほど苦しくても、つらくても、あなたは絶対に大丈夫です。

なぜなら何千、何万という本があなたの味方だからです。

想像さえしなかった、人生の扉が開かれる瞬間はきっと訪れます。

どうかその日まで自分を信じて、今目の前にある道を、真っすぐ進んでください。

私はずっとあなたのことを見守り続けています。

本書を旅のお守りとして、大切な大切なあなたへ。

そして本書を感謝の贈り物として、天国で笑っている先生に捧げます。

最後になりますが、クロスメディア・パブリッシングの川辺秀美さんには、本書の執筆にあたり、大変お世話になりました。初の著書ということで、右も左も分からない私に、大変丁寧にご指導くださいました。山あり谷ありの執筆の旅を続けられたのは、経験豊富な川辺さんの存在があったからです。心より感謝申し上げます。

２０２１年１月吉日

著者より

読者の皆様へ感謝を込めて贈ります。

⬇

【著者略歴】

**アバタロー**（あばたろー）

書評 YouTuber
早稲田大学文学部卒業。日中はふつうのサラリーマンとして、某外資系企業にて管理職をしている。趣味である読書の延長として、書評 YouTube チャンネルを立ち上げたところ 2020 年 1 月に大ブレイク。「読書が苦手な人でも、古今東西の難解な名著がラジオ感覚で楽しめるチャンネル」として話題となり、本格稼働から僅か 1 年で、登録者数は 15 万人を突破。現在も自身のチャンネルを通じて、読書の楽しさを伝えることを生き甲斐として、配信活動を続けている。

# 自《じ》己《こ》肯《こう》定《てい》感《かん》を上《あ》げる OUTPUT《アウトプット》読《どく》書《しょ》術《じゅつ》

2021 年 1月 21日 初版発行
2021 年 2月 5日 第2刷発行

発行 **株式会社クロスメディア・パブリッシング**
発行者 小早川幸一郎
〒151-0051 東京都渋谷区千駄ヶ谷 4-20-3 東栄神宮外苑ビル
https://www.cm-publishing.co.jp
■本の内容に関するお問い合わせ先 …………………… TEL (03)5413-3140 ／ FAX (03)5413-3141

発売 **株式会社インプレス**
〒101-0051 東京都千代田区神田神保町一丁目105 番地
■乱丁本・落丁本などのお問い合わせ先 …………… TEL (03)6837-5016 ／ FAX (03)6837-5023
service@impress.co.jp
(受付時間 10:00 ～ 12:00、13:00 ～ 17:00 土日・祝日を除く)
※古書店で購入されたものについてはお取り替えできません

■書店／販売店のご注文窓口
株式会社インプレス 受注センター ……………………… TEL (048)449-8040 ／ FAX (048)449-8041
株式会社インプレス 出版営業部 ……………………………………………………… TEL (03)6837-4635

印刷 中央精版印刷株式会社
DTP 荒好見
図版作成 長田周平
ブックデザイン 金澤浩二
校正・校閲 小鳥舎
ISBN 978-4-295-40498-9 C2034